'로종'이 가르쳐주는
한없이 좋은 마음 속에 머무르면
살아서 한없이 행복하고
죽을 때도 한없이 행복합니다

# LIVE LONG
# LOJONG

로종 마음수련
ⓒ MAITRI BOOKS 미륵사
Printed in Seoul, KOREA

발행일 | 2017년 12월 27일
지은이 | 아띠샤
역자 | 라마 글렌(Lama Glenn)
한글 번역 | 김영로
펴낸이 | 정 청월

펴낸 곳 | 미륵사(MAITRI BOOKS)
주소 | 서울시 중구 신당동 404-1, 4층
등록번호 | 2015-000196
전화 | 010-8395-8881
E-mail | chongwol@yahoo.com
책값 | 15,000원
ISBN | 979-11-957211-9-1  03220

# 로종 마음수련

아띠샤(Atisha) 법맥의 마음수련

MAHAYANA LOJONG

제1대 달라이 라마 (1391-1474)

미륵사

## 라마 글렌의 한국어판 로종 서문

서양에서 초기에 불교문헌을 번역한 사람들은 기독교 용어에 젖어있어서, 불교의 개념들을 많이 왜곡했습니다. 그러다가 40년 전에, 서양에서 티베트 라마들(특히 달라이 라마)의 인기로 인해 불교가 폭발적으로 성장하자, 서양의 불교계는 불교의 수행과 사상에 대한 논의를 위한 새로운 용어에 대해 실험하기 시작했습니다. 최걈 뚱빠(Chogyam Trungpa) 린뽀체는 현대 심리학 용어를 사용하기 시작했고, 허버트 궨터(Herbert Guenther)는 현대 물리학 용어를, 또 어떤 분들은 신경과학과 심리-신경 면역학 용어를 차용했습니다.

15세기 중엽에 제1대 달라이 라마가 지은 중요한 명상 지침서, 로종의 한국어 번역판("위대한 길에서 마음 닦기")을 몇 년 전에 저희 승가가 내놓았습니다. 본래 이 지침서는 1447년에 제1대 달라이 라마가 세운 따쉬 룬뽀(Tashi Lhunpo) 사원에서 기본적인 현교명상 교재로 사용하기 위해 만들었는데, 이것을 저희 마이뜨레야 승가의 통역사 조원희가 한국어로 옮겼습니다. 제1대 달라이 라마에 의한 이 로종 텍스트는 달라이 라마 학파에서 만든 로종 해설서입니다. 원희는 제가 약 30년 전에 만든 영어판을 사용했습니다. 그는 한국에서 제가 법회를 통해 설명한 여러 가지 구전 해설도 통역해왔으므로 이 해설서에 대해 잘 알고 있습니다.

저희들의 스님 친구들 중에서 몇 분, 특히 덕진 스님(충남 아산)과 금인 스님(충남 공주)이 더 아름답고 더 시적인 현대 한국어로 이 텍스트를 번역해주면 좋겠다고 말씀하셨으며, 게다가 덕진 스님은 이 작업을 위해 재정적인 지원까지 해주셨습니다. 우리는 우리 승가의 번역가들 중에서 아찰라 김영로에게 부탁했습니다. 그는 한국어로 여러 권 책을 냈고 저희 승가 회원들의 일상 수행을 위한 싸다나(sadhana 명상법)도 다수 번역했습니다. 그는 또 몇 년 전에 "열네 분의 달라이 라마: 신비한 환생의 유산"(이것은 "신비한 환생의 유산: 위대한 지도자"라는 제호로 출판되었음)이란 책도 번역했습니다. 김영로 님에게 깊은 감사를 드립니다.

아무쪼록 이 책이 많은 한국 독자들에게 큰 이익을 주고, 그들이 감로수 같은 이 귀한 다르마 말씀에 큰 기쁨을 얻으며, 달라이 라마 환생자들이 세계의 불교발전에 얼마나 공헌해왔는지 깨닫길 빕니다.

라마 글렌
2017년 12월 6일

# 목차

　　달라이 라마 성하 서문 _ 8

역자 라마 글렌 안내문 _ 15
　　Ⅰ. 아띠샤와 로종 수행 유산 _ 15
　　Ⅱ. 로종 수행의 성격 _ 20
　　Ⅲ. 티베트의 배경 (생략)
　　Ⅳ. 제1대 달라이 라마 _ 23
　　Ⅴ. 원전 번역에 대한 한 마디 _ 25
　　Ⅵ. 종결하는 말 _ 26

서론
　　Ⅰ. 이 법맥의 존경스러운 원천 _ 28
　　Ⅱ. 이 전통의 위대함 _ 30
　　Ⅲ. 실제 가르침 _ 32

요점 1: 예비수행(전행前行) _ 33
　　Ⅰ. 구루요가 명상 _ 34
　　Ⅱ. 자기 자신을 가르침을 받을 적절한 그릇으로 만들기 _ 43

A. 인생의 소중함 _ 44
　　1. 8유가와 10원만 _ 44
　　2. 이들의 비범한 가치 _ 47
　　3. 이들의 희귀함 _ 48
　　4. 이들의 핵심을 뽑아낼 필요성 _ 49

B. 죽음과 무상 _ 52
　　1. 죽음의 확실성 _ 52
　　2. 죽음의 시간의 불확실성 _ 55
　　3. 죽을 때 도움이 되는 것은 수행에 의한 깨달음뿐 _ 56

C. 원인과 결과의 까르마 법칙 _ 58
   1. 까르마 법칙의 성격 _ 58
      A) 지옥의 고통에 대한 사유 _ 61
      B) 축생계에 대한 사유 _ 68
      C) 아귀계에 대한 사유 _ 69

   2. 정신적인 귀의처를 찾아서 _ 71
      A) 심리적인 기반 _ 72
      B) 집중의 대상들 _ 73
      C) 귀의처의 배경 _
         (1) 삼보의 탁월성에 대한 인식 _ 73
         (2) 삼보의 개별적인 독특함 _ 76
         (3) 귀의의 의미 _ 78
         (4) 귀의 대상을 오해하지 않기 _ 78

      D) 귀의한 분들을 위한 조언 _ 79
         (1) **요약**에 나오는 조언 _ 79
         (2) 구두 전통에 주어진 조언 _ 81

   3. 마음에서 악업을 정화하기 _ 95
      A) 뉘우침의 힘 _ 95
      B) 해독제의 이용 _ 95
      C) 결의 _ 97
      D) 의지의 힘 _ 97

D. 윤회하는 삶의 불만족스러운 성격(고통) _ 99
   1. 인간계 _ 99
   2. 수라계 _ 100
   3. 천상계 _ 101

요점 2: 실제 수행(본행本行), 두 보리심 개발하기 _ 103
  Ⅰ. 관습적인 보리심 개발하기 _ 105
    A. 보리심을 일으키는 원인들 _ 105
    B. 실제 수행 단계들 _ 107

    1. 7중 구두 전통 방법 _ 107
      A) 일으켜야 할 정신적인 특징 _ 107
        (1) 자비가 뿌리인 까닭 _ 108
        (2) 일곱 가지가 원인과 결과로 기능하는 방법 _ 109
      B) 실제 수행 단계 _ 113
        (1) 남들에 대한 마음 개발하기 _ 113
          (a) 이 마음을 위한 기반 준비하기 _ 113
            ( ⅰ) 모두를 어머니로 인식하기 _ 115
            ( ⅱ) 어머니의 친절을 기억하기 _ 115
            (ⅲ) 그 친절을 갚으려는 소망 일으키기 _ 117
          (b) 남들에 대한 관심을 실제로 일으키기 _ 118
            (ⅳ) 자심(사랑)에 대한 명상 _ 118
            ( ⅴ) 비심(연민)에 대한 명상 _ 119
            (ⅵ) 전체적인 책임에 대한 명상 _ 120
        (2) 깨달음에 관심 있는 마음 개발하기 _ 120
        (3) 이 수련의 결과를 체득하기 _ 121

    2. 자기-중시를 남들 중시와 교환하기 _ 123
      A) 그렇게 하는 것의 이익과 하지 않는 것의 불이익 _ 123
      B) 이기심을 전환할 마음의 능력 _ 124
      C) 명상의 단계 _ 127
        (1) 모든 비난의 대상을 찾아내기 _ 127
        (2) 남들의 친절에 대해 명상하기 _ 129
        (3) 남들을 중시하기 _ 129
        (4) 실제 교환 _ 129

    C. (수행의) 진전의 척도 _ 143
    D. 보살 서약을 일으키기 위한 의례 _ 143

1. 그것을 일으키는 방법 _ 143
    A) 어떤 대상 앞에서 이것을 일으키는가? _ 143
    B) 서약의 기반 _ 144
    C) 그렇게 하기 위한 실제 의례 _ 144
        (1) 의례 예비 사항 _
            (a) 특별한 귀의 _ 144
            (b) 공덕 일으키기 _ 146
            (c) 동기 정화 _ 146
        (2) 의례의 실제 본행 _ 146
        (3) 종결 절차 _ 147
2. 보살 서약을 보호하는 방법 _ 148
    (A) 이생에서 그것을 약화시키지 않는 원인들 _ 148
        (1) 유익한 효과에 대해 사유하기 _ 148
        (2) 그것의 힘을 끊임없이 증가하기 _ 149
        (3) 어떤 중생에 대해서도 그것을 버리지 않기 _ 151
        (4) 복덕과 지혜의 축적을 증강하기 _ 151
    (B) 미래의 생에서 그것을 약화시키지 않는 원인들 _ 152
        (1) 네 가지 검은 다르마 버리기 _ 152
        (2) 네 가지 하얀 다르마 개발하기 _ 152
3. 보살 서약을 회복하는 방법 _ 153

Ⅱ. 궁극적인 보리심 개발하기 _ 154

요점 3: 나쁜 조건을 수행의 도우미로 전환하기 _ 158
  Ⅰ. 관습적인 보리심에 대한 사유 _ 159
  Ⅱ. 궁극적인 보리심에 대한 사유 _ 161

요점 4: 일생을 위한 수행의 교리 _ 163
요점 5: 마음이 수련되었다는 척도 _ 169
요점 6: 이 마음수련 가르침의 계율 _ 174
요점 7: 로종 수행자들에게 주는 충고 _ 192

## 달라이 라마 성하의 서문

로종 돈둔마, Lojong Dondunma, 일곱 요점 마음수련은 구두 전승의 수행의 발전을 위한 명상방법인데, 10세기 말과 11세기 초에 살았던 인도네시아의 불교 스승 쎌링빠(Serlingpa)로부터 전해 내려옵니다. 쎌링빠는 인도에서 여러 해 동안 공부한 후에 조국 슈리 비자야(Shri Vijaya)로 돌아갔습니다. 그로부터 수많은 법맥을 티베트로 가져온 것은 아띠샤 디빰까라(Atisha Dipamkara) 존자였습니다. 그는 인도로부터 인도네시아로 가서 12년 동안 공부했습니다. 아띠샤는 나중에 초빙 받아 티베트로 와서 죽을 때까지 티베트인들을 가르쳤습니다. 그는 많은 다른 스승들과 공부했지만, 그의 인도네시아의 스승 쎌링빠는 그의 가슴에 가장 가까이 남았으며, 그가 이 스승의 이름을 언급할 때마다 그는 눈물을 흘렸다고 합니다.

아띠샤는 수많은 법맥을 티베트에서 전수했는데, 이들은 처음에 그의 제자 라마 돔(Lama Drom)에게 전수되고, 다음에는 라마 돔의 세 주요 제자들(세 까담빠 형제들로 알려져 있음)에게 전해졌습니다. 그들은 또 이 법맥을 그들의 제자들에게 전하고, 이것은 여러 세대에 걸쳐 계속되었습니다. 이렇게 쎌링빠의 가르침은 끊어지지 않고 오늘날 우리들에게 전해 내려왔습니다.

티베트에서 아띠샤가 가르친 것들 중에서, 쎌링빠로부터 나온 로종 가르침이 가장 핵심적인 것으로 간주됩니다. 이 가르침은 티베트 불교의 모든 종파들이 귀하게 여기며, 전반적인 티베트의 수행 태도에 깊은 영향을 끼쳐왔습니다. 지난 여러 세기에 걸쳐 우리 티베트인들은 이 소중한 로종 가르침으로부터 힘과 용기, 기쁨을 얻어왔습니다.

이 특정한 법맥의 일곱 요점 마음수련은 본래 소수의 제자들에게만 전해졌으나, 몇 세대 후에 까담빠 라마 중의 한 분, 게세 체카와 (Geshe Chekhawa)가 이들을 보존하기 위해 옮겨 썼습니다. 그때부터 지금까지, 그가 만든 이 간결한 텍스트의 로종 돈둔마가 많은 티베트 저술가들에게 끊임없는 영감의 원천이 되어왔으며, 이에 대한 많은 해설서들이 모든 티베트 종파에 나타났습니다. 이들은 길이와 스타일, 강조하는 면에서는 다르지만 다 같이 쎌링빠가 우리들에게 주는 방대하고 심오한 조언으로 채워져 있습니다.

제1대 달라이 라마가 정식 수행 생활을 시작한 것은 나땅 (Nartang)에서 예비견습 승려일 때였는데, 이 사원은 아띠샤로부터 직접 내려오는 종파의 사원입니다. 그러므로 아주 어려서부터 그는 로종 가르침에 젖어있었습니다. 그의 전기는 그가 주의를 기울여서 이들을 공부하고 수행했다는 것을 강조하고 있습니다. 그의 전집에는 게세 체카와의 일곱 요점 마음수련에 대한 두 가지 해설서가 들어있는데, 첫째 것은 노트 형태로 된 간략한 텍스트이고, 둘째 것은 더 길고 더 전통석인 해설서입니다. 이 두 번째 저술은 티베트에서 떽첸 로종, Tekchen Lojong, 대승 마음수련으로 알려져 있습니다. 제1대 달라이 라마가 이것을 지은 것은 서력으로 15세기 중엽이었으니, 이것은 상당히 오래된 것입니다.

***

로종 가르침의 핵심적인 메시지는 만일 우리가 더 나은 세상을 원한다면, 우리들 자신의 마음을 더 낫게 만드는 것으로 시작해야 한다는 것입니다. 이것은 인도의 스승 샨띠데와(Shantideva)의 말입니다. 그의 의하면 세상을 걸어 다니기에 안락한 곳으로 만들기 위한 두 가지 방법이 있는데, 하나는 세상을 가죽으로 덮는 것이고, 다른 하나는 신발을 신는 것입니다.

마찬가지로, 우리는 살아가면서 세상을 '길들이려고' 노력할 수 있으나, 이 일은 끝이 없을 것입니다. 그렇지 않으면 우리는 더 실제적인 방법을 택해 우리들 자신의 마음을 '길들일' 수 있습니다. 후자가 훨씬 더 효과적인 방법이고, 가장 직접적이고, 안정적이며 지속적인 해결책입니다. 그것은 우리들 자신의 마음의 행복에 이바지하고, 또한 우리들 주위에 평화의 분위기와 세상에 조화를 정착시키는 데에도 이바지합니다.

붓다께서 말씀하셨듯이, "마음은 모든 일의 앞에서 달려간다." 이 말씀을 이해하는 한 가지 방법은 만일 우리들의 마음이 긍정적이면, 우리들의 몸과 말의 활동과 (그리하여) 우리들의 생활방식이 즉시 긍정적인 된다는 것입니다. 이것은 자동적으로 그것들을 우리들 자신과 주위 사람들의 행복에 이바지하게 만듭니다. 반면에 마음이 부정적일 때는, 우리들의 몸과 말의 활동과 (그리하여) 우리들의 생활방식이 부정적이 됩니다. 이것은 자동적으로 우리들과 남들의 좌절과 불행에 이바지합니다.

우리들의 마음상태가 우리들의 미래를 형성하는 방식에 극적인 영향을 주듯이, 그것은 또한 우리들이 현재를 경험하는 방식에도 중

대한 영향을 줍니다. 예를 들어, 어떤 사람이 잘 수련된 마음을 갖고 있으면 가장 큰 외적인 어려움을 만나도 자신의 내적인 평화와 행복이 아주 작게 동요될 수 있습니다. 반면에 마음이 수련되지 않은 사람은 가장 작은 불편에도 마음의 평화가 크게 동요될 수 있습니다.

저는 자주 티베트인들에게 지적해왔습니다, 로종 가르침은 한 민족으로서 우리들의 힘의 제일가는 원천들 중의 하나라고. 이것은 중국의 침입과 우리들의 조국의 무자비한 점령으로 인한 최근 수십 년 간의 곤경과 고통을 우리들이 극복하는 데에 엄청난 도움을 주었습니다. 저는 우리나라 사람들에게 조언합니다, 만일 우리들이 그토록 많은 세기 동안 우리들의 수행의 전통에서 가르쳐준 대로, 그리고 로종 가르침에 잘 표현되어있는 대로 자비와 지혜의 이상(理想)에 의지하면, 중국 군대가 우리들에게 무엇을 하든지 아무것도 우리들을 해칠 수 없습니다. 결국 우리들은 견뎌내고 성공할 것입니다. 반면에, 만일 우리들이 그토록 오랫동안 한 민족으로서 우리들의 특징인 수행의 이상들, 우리들이 현대 문명과 현대 세계에 이바지할 수 있는 가치들을 포기한다면, 우리가 자치를 위한 투쟁에서 이긴다 해도, 우리들은 더 큰 손실을 겪었을 것입니다.

\*\*\*

제1대 달라이 라마의 로종 해설서는 그가 5세기 반 전에 이 저술을 했을 때 티베트 불교의 특징인 자비와 지혜의 이상에 대한 믿음을 보여줍니다. 그리고 비록 때로는 그의 표현 방식이 현대의 감성에 완전히 안 맞을 수 있지만, 그의 메시지의 핵심은 지금도 적절합니다. 이 핵심은, 만일 우리들 자신이 깨달은 세계에 이바지하기 바란다면, 우리가 시작해야 할 방법은 우리들의 마음을 수련해야 한다는 것입니다.

이것이 티베트어 로종(lojong)의 의미입니다. 여기서 '로'가 의미하는 것은 마음이고, '종'이 의미하는 것은 수련하거나 바꾸는 것입니다. 다시 말해, 우리가 해야 하는 것은 보살들 방식으로, 친절과 자비, 관용, 내적인 힘, 지혜 등의 자질을 일으키는 수행으로 마음을 수련하는 것입니다. 이렇게 하면, 우리는 즉시 더 행복하고 더 균형을 갖게 되며, 우리들 주위의 행복과 조화에 이바지합니다.

현대 세계는 전쟁 기술은 부족하지 않습니다. 우리들의 파괴 무기들은 어디에나 있으며, 더 많은 것들이 날마다 생산되고 있고, 이들의 정교함과 힘은 끊임없이 증가하고 있습니다. 그러나 우리들에게 부족한 것은 평화의 기술, 사랑과 친절과 열린 마음을 일으킬 기술입니다. 물질적인 발전이 유용하고 필요하나, 그와 관련해서 인간적인 수행의 시야가 상응하게 발전하지 않으면 그것은 유용하지 않을 뿐만 아니라 또한 우리가 이 땅에서 사는 동안 행복성취에 헤를 끼치고 반생산적일 수도 있습니다. 자연환경의 파괴와 수많은 형태의 야생생물의 소멸은 물질적인 기술이 수행적인 감성이 없을 때 어떻게 재난적인 결과를 가져올 수 있는지 보여주는 예들입니다.

***

저명한 인도네시아의 스승 쎌링빠의 로종 가르침들은 부처님의 핵심 가르침의 정수로 지금까지 거의 천년 동안 중앙 아시아인들에게 도움을 주어왔습니다. 이들은 또한 현대 세계에도 몇 가지 적절한 제안을 제공할 수 있습니다. 로종의 아이디어들의 일부는 특정한 때와 상황에 제한되어있는 것으로 보일 수 있으나, 그 핵심은 시간을 초월한 메시지를 갖고 있습니다. 이 메시지는 권장합니다, 우리는 좁은 마음과 자기중심적인 행위를 초월하고, 대신에 우리들 자신을 전체적인 책임이라는 관점에서 보는 것을 배우라고. 우리는 우리가 이 세상과 남들로부터 우리들 자신을 위해 무엇을 잡을지에 대해서는 덜 주의를 기울이고, 어떻게 하면 우리가 전체를 위해 도움을 줄지에 대해서는 더 많은 주의를 기울여야 합니다.

탐욕은 끝이 없으며, 처음부터 어떤 행복도 가져오지 않습니다. 이것을 인도의 성인 (聖人) 스승 샨띠데와는 이렇게 표현했습니다, "부처님들은 남들만 돌보시는데, 세상 사람들은 자기들 자신만 돌본다. 이 둘의 차이를 보라." 만일 우리가 더 많이 부처님들과 보살님들처럼 된다면, 우리들 자신이 이 결과로 나오는 정신적인 보상의 즉각적이며 직접적인 수혜자가 될 것입니다. 다른 사람들은 간접적인 수혜자입니다.

저 자신은 어린아이였을 때에 성인 쎌링빠의 로종 가르침들을 받았으며, 그때부터 이들을 제 수행의 기반으로 사용해왔습니다. 저는 저 자신이 날마다 하는 명상에 자비의 정신을 개발하는 로종의 명상 방법을 포함하는데, 이들로부터 크게 도움을 받아왔습니다. 여러 가지 로종 텍스트를 저는 어렸을 때 암기했는데, 저는 아직도 날마나 이늘을 암송합니다.

저에게 로종 전통은 부처님의 평화의 메시지의 중심으로 남아있습니다. 이것이 우리들에게 가르쳐주는 것은 어떻게 남들을 그들이 마땅히 받아야 할 존엄과 관심을 갖고 바라보고, 또한 어떻게 세속적인 자아-집착의 한계를 초월하느냐는 것입니다. 요컨대, 이것은 우리들 자신의 깨달음을 위한 지침으로, 우리가 남들을 다룰 때에 깨달은 행위를 하도록 인도해줍니다.

로종 전통을 공부하는 이익은 단지 그것이 제시하는 명상방법에 대한 지적인 이해에서 오는 것이 아니라, 이들 명상의 실제 이용에서 옵니다. 이들 중 다수는 불자들뿐만 아니라 좋은 마음의 개발에 관심을 가진 사람은 누구나 실천할 수 있는 방법들입니다. 우리는 모두 자비가 필요합니다, 우리가 불자이든 아니든, 수행에 대한 성향이 있든 없든, 공식적으로 신앙을 갖고 있든 아니든. 친절은 누구에게나 필요하고, 우리들은 모두 누가 우리들에게 친절을 베풀어주면 고마워합니다.

저의 기도를 바칩니다. 로종에 관한 제1대 달라이 라마의 이 중요한 저술이 이 세상에서 사랑과 친절의 정신에 이바지하고, 한때 티베트에 존재했던 풍부한 수행의 유산에 대한 사람들의 이해에 이바지하라고.

1991년 5월

영역자 라마 글렌(Lama Glenn)의 안내문 - 발췌

# I

# 아띠샤와 로종 수행의 유산

티베트에서 널리 가르친 마지막 참으로 위대한 인도의 스승들 중의 한 분이 디빰까라 슈리지나나(Dipamkara Shrijnana)였는데, 일반적으로 단순히 아띠샤, '스승님'으로 알려져 있습니다.

이 저명한 승려는 서기 982년에 벵갈에서 태어나서, 1042년에 눈의 땅(티베트)로 와서 약 13년 뒤에 그가 돌아가실 때까지 머물렀습니다. 그의 가르침은 티베트의 불교의 성격에 깊은 영향을 남겼습니다.

그가 티베트인들에게 준 가르침들, 특히 '구두 전승'의 가르침들은 오늘날에도 가장 높이 존경받으며 모든 다양한 종파의 라마들에 의한 인기 있는 대중법문의 주제가 됩니다. 예를 들어, 현 달라이 라마 성하께서는 자주 아띠샤로부터 내려온 초기 법맥들 중에서 하나를 그의 대중 법문의 기반으로 이용하십니다.

아띠샤가 티베트인들에게 준 많은 구두 전승 가르침들 중에서, 가장 핵심은 로종("직접적인 마음수련 방법")입니다. 게다가, 모든 그의 로종 가르침들 중에서 가장 중요한 것이 유명한 로종 돈둔마 ("일곱 요점 마음수련")입니다. 바로 이 가르침이 이 책, 대승 마음수련에 번역된 제1대 달라이 라마의 해설서의 중심입니다.

제1대 달라이 라마가 그의 해설서 첫 부분에서 지적하듯이, "아띠샤는 세 가지 법맥의 로종 가르침을 받았습니다. 하나는 (인도네시아의) 스승 쎌링빠로부터, 다른 하나는 (인도의) 스승 마이뜨리요기(Maitriyogi)로부터, 세 번째는 (인도의) 스승 다르마락쉬따(Dharmarakshita)로부터 받았습니다...

아띠샤의 인도네시아의 스승에 대해서는 알려져 있는 것이 많지 않습니다. 그에 대한 티베트의 전기가 몇 가지 있으나, 이들은 일반적으로 상당히 간단합니다. 전해오는 얘기에 의하면 그는 인도네시아의 도시 슈리 비자야(Shri Vijaya)에서 왕자로 태어났다고 합니다. 그 때 인도네시아는 큰 불교 중심지였는데, 인도에서는 불교 예술에 대한 후한 후원자로 유명했습니다.

또한 왕자로 태어나 집이 없이 탁발 수행자가 되었던 부처님을 따라서, 쎌링빠도 젊을 때 불교 승려가 되어 인도로 가서 성스러운 부처님의 가르침을 공부했습니다. 거기서 그 시대의 가장 자격을 갖춘 스승들 중 다수의 지도 아래서 수행하여 마침내 높은 수준의 깨달음을 성취했습니다. 그의 법명은 다르마끼르띠(Dharmakirti)였는데, 같은 이름의 유명한 인도의 논사와 혼동하지 말아야 합니다. 티베트인들은 그를 단지 쎌링빠라고 부르는 것을 좋아합니다. 이것은, 문자 그대로, "황금 섬의 그분," 다시 말해, "인도네시아인"이라는 뜻입니다.

인생 후반기에 쎌링빠는 자기 나라로 돌아가서 사람들을 가르쳤습니다. 그러나 위대한 수행의 스승이라는 그의 명성은 인도에서 지속되었습니다. 아띠샤는 그에 대한 얘기를 듣고 결심했습니다, 그 위험한 바다여행으로 인도네시아로 가서 그의 밑에서 공부하겠다고. 사실 그는 쎌링빠의 발밑에서 12년 동안 머물렀으며, 그가 지도 받은 50명의 스승들 중에서 그를 가장 중요하게 여겼습니다. 여러 해 뒤에 티베트에서 그는 이 깨달은 성인(聖人)에 대해 언급할 때마다 눈물을 흘렸다고 합니다.

인도네시아에서 12년을 지낸 후에 아띠샤는 인도로 돌아와서 거기서 다르마를 가르치다가 마침내 티베트로 왔습니다. 아띠샤가 티베트로 온 이야기는 매우 감동적입니다. 전해오는 얘기에 의하면서 티베트의 왕 예세 외(Yeshe Od)가 인도의 불교 장로들에게 수차례 요청했다고 합니다. 아띠샤를 보내서 티베트에서 가르쳐달라고. 그러나 아띠샤는 인도의 가장 위대한 수행의 스승으로 간주되어 이들 요구는 거절되었다고 합니다.

몇 년 뒤에 예세 외 왕은 적군에 붙잡혔는데, 이들은 몸값으로 그의 몸무게만큼의 금을 요구했습니다. 그의 조카가 몸값을 갖고 가서 금을 달아보니, 예세 외의 머리 무게만큼 금이 모자랐습니다. 왕은 조카를 옆으로 데려가서 극적인 요구를 했습니다. "나는 늙은이고, 어쨌든 곧 죽을 것이다. 이 금을 인도로 갖고 가서 아띠샤의 사원에 바치고, 장로들에게 얘기해라, 아띠샤를 초정하기 위해 이 금을 갖고 왔고, 또한 왕의 머리를 갖고 왔다고." 이리하여 아띠샤는 인도에 있는 사원을 떠나 티베트로 가서 가르쳐도 좋다는 허락을 받았습니다.

역사적인 관점으로 볼 때, 그가 티베트로 온 것은 중요합니다. 그 다음 두 세기 동안에 이슬람교 침입자들이 인도 아대륙을, 말래시아 반도를 거쳐 인도네시아로 들어가 휩쓸어서 그 결과로 불교를 파괴했습니다. 같은 기간에 아띠샤의 깨달음의 법맥은 티베트에서 안전하게 보존되었습니다. 사실, 인도 불교의 많은 면들이 스리랑카와 타일랜드, 중국과 일본 등에 보존되어왔지만, 오로지 티베트에서만 독특한 인도네시아 불교 법맥들이 살아남은 것으로 보입니다.

아띠샤는 그의 인생의 남은 기간 동안 티베트에서 가르쳤으며, 그 기간 동안 수천 명의 제자들을 깨달음의 길로 안내했습니다. 그들 중에서 그의 가장 위대한 제자는 재가자 라마 돔 뙨빠(Drom Tonpa)였는데, 그는 달라이 라마들의 이전의 환생자로 간주됩니다. 그의 많은 승려 제자들에게가 아니라 재가자 라마 돔에게 그는 그의 가장 중요한 법맥들을 전했습니다. 라마 돔 뙨빠는 이 유산을 그의 주요 제자들에게 전하고, 이렇게 계속해서 전해 내려왔습니다.

제13대 달라이 라마가 아띠샤의 법맥들에 관한 내용과 초기의 역사를 간략하게 그의 불용(Fire Dragon)의 해(1926년)의 신년 법문에서 요약했습니다. 그의 초기의 삶과 가르침에 대한 저의 연구, *보살 전사의 길*(Path of the Bodhisattva Warrior)로부터 여기서 인용합니다:

> (...) 라마 돔은 아띠샤의 다양한 법맥들을 "세 까담빠 형제들"로 나누어서 전했습니다. 한 형제에게는 경전 전통들을, 두 번째 형제에게는 구두 전승들을, 그리고 세 번째 형제에게는 핵심교의들을 주었습니다.

경전 전통들에는 두 가지 주요 유형이 있었습니다: 궁극적인 진실과 공성의 지혜를 다루는 것들과, 관습적인 진실과 방대한 보리심의 활동들을 다루는 것들.

이들 중 전자, 공성의 지혜를 다루는 것들에 대해서, 여기서 강조되는 주요 텍스트들은 나가르주나의 공성의 철학에 관한 여섯 가지 논서, *지혜의 뿌리*, Mulmadhyamika-karika (중론) 등과 함께 이들에 관한 후일의 인도 스승들에 의한 해설서와 또한 중관과 두 가지 진실의 성격에 관한 아띠샤 자신의 해설서들이었습니다. (...)

위의 전승 법맥들 중에서, 게세 체카와가 작성한 일곱 요점 마음수련이 우리들의 주관심사입니다. 왜냐하면 바로 이 법맥이 이 책에 번역된 저술에서 제1대 달라이라마가 근본 텍스트로 사용하기 때문입니다. 다시 말해, 아띠샤로부터 나오고 게세 체카와가 일곱 요점 마음수련이라고 옮겨 쓴 명상 전통이 달라이 라마의 해설의 대상이기 때문입니다. 더욱이, 이 로종 전통은 아띠샤가 그의 인도네시아 스승 쎌링빠로부터 받아서 널리 티베트에서 퍼뜨렸고, 모든 로종 가르침들 중에서 가장 중요한 것으로 여겨집니다.

우리가 주목해야 하는 것은 게세 체카와의 일곱 요점 마음수련에 관한 텍스트에는 많은 다른 버전이 있다는 점입니다. 이들은 내용면에서는 실질적으로 다르지 않으나, 행(줄)의 순서가 다르고, 어떤 버전은 소수의 말이 추가로 들어있습니다.

# II

# 로종 수행의 특징

여기에서 수행 방법으로서 로종 전통의 특징에 대해 얘기하는 것이 도움이 될 것 같습니다.

로종 전통의 주된 특징은 이것이 깨달음의 장애를 두 가지로 파악한다는 것입니다.

이들 중 첫째는 자기 자신을 중시하는 태도인데, 이것은 습관적으로 언제나 우리들 자신을 남들보다 앞세우고 우리들 자신의 이익을 위해 노력하며 남들을 희생한다는 것입니다. 이것은 크게 해로운 행위로서, 우리들의 세상에 갈등과 불화를 가져오며 우리들로 하여금 남들을 해치게 만듭니다. 이것은 우리들의 마음의 평화의 최대의 적입니다.

두 번째 장애는 자아-집착, ego-grasping (아집我執, 나에 대해 집착하는 무지입니다. 이것이 가리키는 것은 본능적으로 진실로 자아가 존재한다는 믿음, 어떤 것이 우리들 자신의 내부와 외부 현상에 독립적으로 진실로 존재한다고 보는 태도입니다.

이들 가운데 둘째는 실제로 첫째보다 더 깊습니다. 왜냐하면 나에 대해 집착하는 버릇이 없다면, 자기-중시는 일어나지 않을 것이기 때문입니다. 그럼에도 불구하고 둘 다 파악해서 대응해야 합니다, 둘 다 끊임없이 우리들에게 문제를 일으키기 때문입니다.

로종 방법이 우리들 내부에 깨달음을 불러일으키는 것은 이들 두 장애를 제거하고 각각 대자비(大慈悲)와 공성에 대한 대락(大樂)의 지혜로 대치해주기 때문입니다.

이들 두 장애를 제거하기 위한 로종의 방법은 두 가지 종류의 보리심 혹은 깨달음 마음, 즉 자비의 관습적인 보리심과 공성에 대한 지혜의 궁극적인 보리심을 개발하기 위한 방법으로 알려져 있습니다. 이들 두 보리심을 개발하기 위한 방법들이 로종 수행의 중심을 이룹니다. 일곱 요점 로종 체계에서, 이것은 두 번째 것입니다. 나머지 여섯 요점은 먼저 수행자를 준비시키고 이 "실제 수행"을 지원하고 유지해주는 역할을 합니다. 그래서 일곱 요점 로종에서 첫째 요점은 예비수행이고, 둘째는 두 보리심을 개발하는 실제수행이며, 셋째는 보리심 방법들을 이용해서 고난과 어려운 문제를 깨달음의 길에서 도움이 되는 것으로 바꾸는 방법이고, 넷째는 이 수련을 사는 동안과 죽을 때를 위해 체득하는 방법이며, 다섯째는 이 수행에서 발선하는 증표를 관찰하는 방법이고, 여섯째는 이 수련의 계율들이며, 그리고 일곱째는 수행자들에게 주는 일반적인 조언입니다.

저의 돌아가신 스승님들 중 한 분, 존경하는 라마 뚭뗀 예세께서

로종 전통의 성격을 아주 간략하게 요약하셨는데, 저는 이 분의 말씀을 여기서 인용하고 싶습니다:

> 아띠샤 전통의 일곱 요점 마음수련(로종)은 우리들의 일상생활에 매우 유용한 조언을 제공합니다. 이것은 이국적이지도 시적이지도 않고, 순전히 실용적입니다. 이것의 주제는 우리들의 모든 활동을 남들에게 마음을 여는 방법으로 바꾸는 방법입니다. 이것이 더 깊은 의미에서 바른 생계수단, 바른 행동입니다.
>
> 제1대 달라이 라마의 해설서가, 종파에 상관없이, 티베트 불교의 모든 연구자들에게 받아들여질 수 있다는 것은 로종의 가르침이 일정한 보편성이 있다는 것을 보여줍니다. 이것은 불교의 모든 전통에 가치가 있을 뿐만 아니라, 진정한 정신적인 발전에 관심이 있는 모든 분들이 이용하고 적용할 수 있습니다. 불자이든 아니든, 불, 법, 승에 대한 전통적인 해석을 믿든 안 믿든, 종교인이든 아니든, 로종 가르침은 실천하면 이익을 얻을 수 있습니다.

### III. 티베트의 배경 [생략]

# IV

# 제1대 달라이 라마

제1대 달라이 라마는 1391년에 남서부 티베트의 짱(Tsang) 지역에서 유목 부족 목동의 아들로 태어났습니다. 그때 티베트에서는 불교가 모든 지역에서 번창해서, 계곡마다 많은 사찰, 비구니 사원과 수행하는 암자들이 있었습니다.

그의 아버지는 그가 일곱 살 때 돌아가시고, 그의 어머니는 너무 가난해서 자기 혼자서 그를 부양할 수 없어서 그를 나땅 사원에 맡겨 게세 초세라는 친절한 삼촌이 보호하게 했습니다. 나땅 사원은 아띠샤의 까담 전통과 관련이 있어서 그는 어릴 때부터 깨달음에 이르는 까담빠 길에서 수련했습니다.

이 이이의 깊은 수행하는 성격은 사람들의 주목을 받아 곧 그는 나땅(Nartang)의 위대한 주지 둡빠 세랍(Druppa Sherab)이 직접 가르치는 제자가 되었습니다. 바로 이 스승으로부터 더 높은 승려 계를 받고 또한 그로부터 그가 역사에 알려지게 된 겐둔 둡빠(Gendun Druppa)라는 이름을 받았습니다.

어른일 때 겐된 둡빠는 티베트 중심과 남부 지방을 여행하면서 광범위한 스승들과 공부하고 명상 수행에 열중했습니다. 그는 1415년에 라마 쫑카빠(Tsongkhapa)를 만났는데, 쫑카빠는 4년 후에 돌아가셨습니다. 이 만남은 두 분 모두에게 감동적이었나 봅니다. 쫑카빠는 자기 옷에서 한 조각을 찢어서 이 젊은 승려(겐된 둡빠)에게 주었다고 하는데, 이것은 자신의 핵심 법맥들을 그에게 전하는 상징이었습니다. 그리고 그는 예언했습니다. 겐된 둡빠가 나중에 중요한 스승과 사원의 장로가 될 거라고.

이때부터 제1대 달라이 라마는 언제나 라마 쫑카빠를 자신의 가장 중요한 수행 안내자로 간주했으며, 쫑카빠가 돌아가신 뒤에는 라사 지역에서 수년을 지내며 모든 쫑카빠의 법맥을 모았습니다. 마침내 그는 겔룩빠에서 가장 위대한 살아있는 스승, 제일가는 쫑카빠 대사의 법맥의 보유자로 간주되었습니다.

어쩌면 겐된 둡빠가 중앙아시아 대중들에게 크게 인기를 얻는 데 힘을 보탠 것은 그가 승려 생활을 시작할 때 남 티베트 오지 출신의 가난하고 받은 고아였다는 사실 때문일 것입니다. 그의 유명하지 않은 배경이 아마 그의 수행의 성취들을 더욱더 돋보이게 만들었을 수 있습니다.

겐된 둡빠가 돌아가신 후 30일 동안, 새해 초승달까지, 완전한 고요가 그 지역을 지배했습니다. 땅과 물은 따뜻해지고, 나뭇잎은 앞면을 아래로 향했으며, 하늘은 완전히 맑고, 구름 한 점이나 새 한 마리도 그 고요를 방해하지 않았습니다. 이들과 그 밖의 많은 증표들이 세상을 가득 채워 가장 높은 지식을 성취한 성인(聖人)이 돌아가셨다는 것을 모든 사람들에게 보여주었습니다.

# V

# 원전 번역에 대한 한 마디

일곱 요점 마음수련에 대한 많은 다른 티베트의 해설서들이 최근에 영역으로 나왔습니다. 그러나 제가 아는 한, 제1대 달라이 라마에 의한 이 해설서가 가장 철저합니다. 제가 바라는 것은 이것이 티베트의 불교를 공부하는 서양의 학생들에게 뿐만 아니라 로종 수행자들에게도 가치가 있는 것으로 드러나는 것입니다.

# VI

# 종결하는 말

이 글 다음에 나오는 제1대 달라이 라마의 원전, 대승 마음수련은 500년 이상 전에 작성되었습니다. 게다가, 이것은 그보다 400년 이상 전에 티베트로 도입된 수행의 유산에 대한 해설서로 작성되었습니다. 따라서 이것은 상당히 오래된 것이고, 그 결과 이것이 사용하는 용어와 상징이 아마 즉각적으로 독자에게 다가오지는 않을 수 있습니다.

그렇지만 이것의 언어에는 모든 연령의 사람들에게 놀라운 메시지를 담고 있습니다. 핵심적인 내용 면에서, 이것의 중요성과 유용성은 시간의 흐름과 함께 줄어들지 않았습니다. 반대로, 이것이 우리들에게 개발하라고 요구하는 정신적인 자질들은 오히려 현대에 더 두드려졌습니다. 예를 들어, 인생의 허약함과 소중함에 대한 인식과 우리들의 모든 행위에 기본적으로 건전성을 가져오고 사랑과 친절을 남들에게 확장할 필요성에 대한 인식 같은 것 말입니다. 이것이 제시하는 것은 이들 힘이 우리들의 만족할 줄 모르는 집착을 완화해줄 지혜와 결합되면 이것은 우리들을 더 낫고, 더 조화로운 인간으로 만들 것이라는 것입니다. 그리고 우리들 자신을 향상시킴으로써 우리는 우리들의 삶과, 따라서, 세상을 향상시킬 것입니다.

글렌 H. 멀린(Glenn H. Mullin)
오쎌 링 명상 센터(Osel Ling Meditation Center)
몬태나 주 미줄라(Missoula, Montana)

## 서론

*Preamble*

*Homage to the spiritual masters,*
*Who are inseparable in nature*
*From the yidams, the meditational buddhas.*

수행의 스승님들에게 예배하옵니다.
이들은 성품이 수행 대상의 부처님들,
이담(본존)과 불가분이십니다.

### I. 이 법맥의 존경받을만한 근원

로종 법맥의 믿을만한 근원은 – 이것을 밝히는 것은 수행자들에게 이 전통에 대한 존경심을 불러일으키기 위한 것인데 – 바로 저명한 아띠샤(Atisha) 자신입니다. 그는 세 법맥의 로종 전수를 받았습니다. 하나는 (인도네시아의) 스승 쎌링빠(Serlingpa)로부터, 또 하나는 (인도의) 스승 마이뜨리요기(Maitriyogi)로부터, 그리고 세 번째는 (인도의) 스승 다르마락쉬따(Dharmarakshita)로부터.

여기서 다룰 전통은 "감로수의 핵심"(The Essence of Nectar)으로 알려져 있습니다. 이것은 대승 마음수련을 위한 구두 전통의 가르침으로, 수련방법은 자기-중시(self-cherishing)를 남들 중시로 바꾸는 것인데, 이것은 아띠샤가 그의 스승 쎌링빠로부터 받은 로종 전통입니다.

이것은 원전에 이렇게 설해져 있습니다:

> **This essential, nectar-like oral teaching**
> **Is the lineage coming from holy Serlingpa.**
>
> 이 핵심적인, 감로수 같은 구두 가르침은
> 성인(聖人) 쎌링빠로부터 나온 법맥이다.

다시 말해, 이 법맥은 부처님으로부터 시작되어 세대로부터 세대로 내려와 마침내 스승 쎌링빠에게 왔습니다. 쎌링빠는 이 법맥을 아띠샤에게 전했고, 그는 이것을 티베트로 가져왔으며, 이것은 다양한 법맥으로 전해졌습니다. 저 자신이 이들 로종 가르침들 중에서 네 가지를 전수받았습니다.

첫째는 저의 소중한 근본 스승, 성인(聖人) 라마 둡빠 세랍(Druppa Sherab)으로부터 받았고, 둘째는 첸가 쏘남 룬둡(Chennga Sonam Lhundrub)으로부터, 셋째는 쎔빠 첸뽀 걀세빠(Sempa Chenpo Gyalsepa)로부터 내려오는 법맥을 라마 뚝제 빠와(Lama Tukje Pawa)로부터 받았습니다. 넷째는, 보살 라마 체카와(Chekhawa)로부터 내려오는 구두 전통의 전수를 받았습니다.

이 네 번째 법맥의 기반은 자기-중시를 모든 중생들을 위한 보편적인 관심으로 전환하는 밍밉인데, 이것은 (샨띠데와의) *입보리행론*(Bodhisattva-charya-avatara) 선정 편의 가르침과 같은 것입니다.

이 법맥은 저명한 린뽀체, 라마 쫑카빠(Tsongkhapa)로부터 내려온 것입니다. 간덴 사원(Ganden Monastery)의 초기 시절에 이 유명한 스승께서 올카(Olkha) 산 호랑이 정상을 방문하셨는데, 거기서 이 가르침들을 간덴 장쩨 사원의 라마 남카 빨덴빠(Lama Namkha Paldenpa)에게 전하셨습니다. 저 자신은 이 분으로부터 나중에 이 가르침을 받았습니다.

이 해설서에 제시된 전통은 이들 법맥들 중에서 네 번째와 일치합니다.

## II. 이 전통의 위대함

전통의 탁월성을 설명하는 것은 수행자들 마음속에 존경심과 영감을 불러일으키기 위한 것입니다. 원전은 이렇게 설합니다.

> **Like a diamond, the sun, and a medicinal tree:**
> **Thus should this text and its essential points be understood.**
>
> **이것은 다이아몬드와 태양, 약용 나무 같다:**
> **이렇게 이 가르침과 이것의 핵심적인 요점은 이해되어야 한다.**

여기 주어진 이미지들 중에서 첫째는 다이아몬드의 것인데, 우리는 이 가르침의 말들이 이 탁월한 보석의 놀라운 특징들을 갖고 있다고 보아야 합니다.

다이아몬드는 네 면을 갖고 있는데, 다이아몬드의 모든 조각도 네 면을 갖고 있으며, 이들 하나하나가 일반적인 금 장식물의 빛을 능가할 수 있는 아름다움을 갖고 있는 빛을 발산합니다. 더욱이, 이 보석은 작은 조각도 여전히 다이아몬드라는 이름을 지니며, 엄청난 빈곤을 제거할 능력을 갖고 있습니다.

마찬가지로, 수행자들이 자신의 마음의 흐름 속에 이 가르침의 단 한 구절에 들어있는 핵심적인 지혜를 일으키면 즉시 위대함 면에서 (소승의) 성문이나 연각들의 특징들을 능가합니다. 비록 그들은 위대한 보살행을 수행할 능력은 없지만, 그들은 보살로 알려지게 됩니다. 그들이 얻는 지혜는 세상의 정신적인 빈곤을 즉시 없애기 시작하기 때문입니다.

둘째로, 우리는 이 가르침의 의미를 태양과 같다고 이해해야 합니다. 단 한 줄기의 햇빛도 온 대륙의 어둠을 없앨 힘을 갖고 있으며, 이 빛의 도래는 완전히 해가 뜨는 것을 미리 알려줍니다. 마찬가지로, 이 가르침의 일부에 대한 깨달음이 수행자의 마음의 흐름 속에 일어나면 이것은 부정적인 습관의 자기-중시 같은 미혹과 정신적인 왜곡의 질병을 없앨 능력을 줍니다. 이 경험은 또한 완전한 깨달음의 도래를 미리 보여줍니다.

이 전통의 말과 의미는 함께 약용 나무로 간주해야 합니다. 이 나무의 모든 부분들로부터 만들어진 약은 질병을 치유할 능력을 갖고 있고, 이 나무의 어떤 부분으로부터 만들어진 약도 마찬가지입니다. 마찬가지로, 이 전통은 전적으로 자기-중시 질병에 기반을 둔 미혹되고 왜곡된 마음의 질병을 없앨 방법을 보여주며, 또한 가장 높은 지식의 장애로 인한 질병을 없앨 방법도 보여줍니다. 이 가르침의 어떤 부분도 같은 기능을 갖고 있습니다. 이 전통을 전체적으로 체득해도 이 치유 능력을 갖게 되고, 어느 특정한 부분을 체득해도 마찬가지입니다.

## Ⅲ. 실제의 가르침

실제 가르침은 일곱 요점으로 설명됩니다. 1) 예비수행(전행前行), 2) 두 가지 종류의 보리심을 개발하는 방법에 관한 가르침인 실제 수행(본행本行), 3) 부정적인 조건들을 깨달음의 길에 도우미로 전환하기, 4) 일생을 위한 수행의 교리, 5) 수행의 진전을 보여주는 증표, 6) 이 가르침의 계율, 7) 수행자들에게 주는 전반적인 조언.

요점 1

# 예비수행

대승 마음수련을 위한 이 전통의 일곱 요점들 중에서 첫째는 예비수행의 요점입니다. 원전은 이렇게 설합니다,

> First train in the preliminary practices.
> 먼저 예비수행들을 수련하라.

여기에는 두 가지 면이 있습니다. (Ⅰ) 구루요가 명상. 이것은 수행자의 마음의 흐름 위에 가피(blessing)를 확립하는 방법입니다. 그리고 (Ⅱ) 자기 자신을 준비시키고 자기 자신을 실제 수행을 행할 수 있는 그릇으로 만들기 위한 방법.

# I. 구루요가 명상

우리들의 수행 유산의 창시자, 위대한 석가모니 부처님께서는 먼저 모든 중생들에게 최대의 이익이 되기 위해 가장 높은 깨달음을 성취하려는 이타적인 서원을 일으키셨습니다. 그러고는 삼아승지겁 동안 그는 복덕과 지혜를 쌓으셨습니다. 마침내 금강좌에서 그는 일체지의 붓다의 경지를 완성하셨습니다. 그리고 수행이 필요한 사람들을 위해 8만 4천 가지 법을 가르치셨습니다.

그의 가르침들은 모두 다음 두 가지 범주로 묶을 수 있습니다: 히나야나, Hinayana (소승)와 마하야나, Mahayana (대승).

(역주) 고대 인도에서는 이들 불교 사상의 주요 두 경향에 대해 상당한 논쟁이 있었습니다. 그러나 티베트에서는 두 경향을 수행의 양면으로 간주했기 때문에 갈등을 피했습니다. 전자는 절제와 간소함을 위한 외적인 경향으로, 후자는 대자비의 마음과 견해로. - 라마 글렌. [여기서 우리는 티베트 불교의 거시적, 통합적인 안목을 볼 수 있습니다. 티베트 불교는 부처님의 가르침들 중에서 아무 것도 소홀히 하거나 버리지 않습니다. 왜냐하면 그것은 이 거룩한 가르침을 훼손하거나 버리는 중대한 잘못을 저지르는 일이기 때문입니다. - 국역자]

첫째 수레(소승)에서 부처님께서 드러내 보이신 것은 윤회로부터 해방, 즉 열반을 성취하는 방법이었는데, 이것은 자아가 진실로 존재한다는 믿음을 초월함으로써 성취됩니다. 그래서 여기서 강조되는 것은 나에 대해 집착하는 무지를 제거하는 방법들이었으며, 자기-중시(self-cherishing) 태도를 제거하는 방법들에 대한 얘기는 아주 적었습니다.

둘째 범주(대승)의 가르침들에서 부처님께서 주로 강조하신 것은 자기-중시 태도를 제거하고 대신에 보편적인(전체적인) 자비(universal love and compassion)를 기르는 것이었습니다. 여기서 목표는 모든 중생들을 돕기 위한 수단으로 완전한 붓다의 경지의 실현으로 인도하는 것이었습니다.

이들 두 수레 중에서 어느 것이든 성공적으로 수행하기 위해 중요한 것은 자격을 갖춘 스승에게 의지하는 것입니다. 특히 대승의 방법을 성취하기 위해 중요한 것은 대승의 도(道)를 성취한 스승 밑에서 수행하는 것입니다.

여기서 수행의 스승 밑에서 수행하는 올바른 방법은 스승을 범부(凡夫)로 보는 태도를 초월해서, 대신에 그를 실제 붓다로 보도록 배우는 것이라고 합니다. 또한 수행자는 그의 가르침을 자신의 것으로 만드는, 통합하는(체득하는 integrating) 법을 배워야 합니다.

구루요가 명상을 하는 데에는 많은 방법이 있습니다. 한 가지 흔한 방법은 관상하는 것(to visualize)입니다. 구루가 자기 앞 공간에서 깨달음의 여덟 마리 사자들이 떠받쳐주는 보좌(보석 법좌)에 앉아 계신다고. 그를 둘러싸고 있는 것은 모든 법맥 구루들은 물론 모든 부처님들과 보살님들입니다. 이들은 모두 녹아 그에게 들어오고, 그는 모든 깨달은 분들의 구현이 됩니다.

둘째 방법은 그가 자신의 머리 위 좌석에 앉아계신다고 상상하는 것입니다. 때로는 여기서 그의 위에는 법맥 구루들이 계시고, 부처님은 정상에 계시는데(이것은 이 가르침이 전수되어온 잇따른 세대들을 나타내기 위한 것입니다). 또 하나의 방법은 법맥 구루들과 부처님들, 보살님들이 그의 주위에 원형으로 앉아계시는 것으로 관상하는 것입니다.

구루의 머리와 목, 가슴에는 각각 하얀 옴(OM)과 붉은 아(AH), 푸른 훔(HUM) 음절이 있습니다. 빛이 푸른 훔으로부터 나와 모든 법맥 구루들과 부처님들, 보살님들, 성문과 연각, 호법신장들과 수호신들을 모셔옵니다.

수행자는 두 가지 물과 다섯 가지 감각 대상들을 공양 올리면서 만뜨라를 암송합니다. 옴 싸르와 따타가따 아르감 쁘라띠짜 훔 스와하, OM SARVA TATHAGATA ARGHAM PRATICHA HUM SVAHA 등을. 그리고는 만뜨라 음절 자 훔 밤 호, JAH HUM BAM HOH를 암송하면서 관상합니다. 모든 초빙된 분들은 녹아 구루 속으로 들어오시는데, 법맥 구루들과 부처님들, 보살님들은 그의 상반신 속으로, 성문과 연각, 호법신장들과 수호신들은 하반신 속으로 들어오시는 것으로.

수행자는 이런 식으로 명상하면서 차츰 구루를 모든 성스러운 존재들의 구현으로 보는 견해를 일으키거나, 또는 명상 바로 초기부터 구루는 실제로 이 구현이라고 생각해도 됩니다.

후자의 전통에 따라 간단한 명상 방법을 설명하겠습니다. 당신의 머리 정수리 위에 여덟 마리 사자들이 떠받쳐주는 보좌를 관상하십시오. 이것은 방대하고 넓으며, 그 위에는 달 원반이 있는 다양한 색깔의 연꽃으로 만들어진 명상 방석이 있습니다. 거기에 당신의 근본 구루가 아미타불의 모습으로 계시는데, 그의 몸은 붉은 색이고, 그의 발은 금강좌로 교차해있으며, 그의 두 손은 선정인을 맺고 무릎에 접고 있습니다. 그의 몸은 깨달음의 모든 주요 (32) 상과 (80) 종호로 장엄되어 있으며, 그의 말은 60 가지 달콤한 특징들로 윤택해져 있고, 그의 마음은 자비와 깨달음의 태도, 모든 지식의 대상들의 다양성과 궁극적인 성품(통일성. 공성) 둘 다 보는 지혜를 갖고 있습니다. 기쁨으로 미소 지으시면서, 그는 당신을 바라보십니다.

명상 바로 시작부터 생각하십시오, 그가 모든 구루와 모든 명상 본존들, 모든 부처님들과 호법신장들이라고. 그러고는 두 가지 정화하는 물과 다섯 가지 감각 대상들을 공양 올리면서 앞에서 설명한 대로 아르감(ARGHAM) 등의 만뜨라를 암송하십시오.

다음에는 다음과 같은 찬양 게송을 낭송하십시오:

**친절한 마음에서 구루께서 순식간에 나타나십니다,
수승한 대락(大樂)의 영역(법계法界)으로부터.
오 소중한 스승님이시여, 딩신의 금상 발 밑
연꽃에 예배하옵니다.**

다음에는 칠지 공양(a seven-limbed offering) 게송과 만달라 공양 게송을 낭송하는 것이 좋습니다. 이들 중 전자를 위한 탁월한 의례

는 *보현행원*에 있습니다:

    인간 중의 으뜸이신
    삼세의 부처님들이시여,
    시방에 계시는 여러분 모두에게
    몸과 말, 마음으로 절을 올립니다.

    드높은 수승한 방편에 대한
    찬양 중의 왕인 이 찬양의 힘의 파동 위에
    세상 미진의 수만큼 많은 몸으로
    허공 어디나 계시는 부처님들께 절하옵니다.

    미진마다 부처님께서 무수한
    보살들 가운데 앉아 계시니
    온 법계를 채우시는 부처님들에게
    저는 믿음의 눈으로 바라봅니다.

    바다 같은 모든 가능한 소리로
    완전한 부처님들을 찬양하고
    그들의 탁월한 특징들을 표현하며
    선서(善逝)들을 찬양합니다.

    아름다운 화환을 공양하고,
    달콤한 소리, 최상의 향수,
    버터 등불과 신성한 향을
    모든 부처님들께 공양 올립니다.

    뛰어난 음식, 최상의 향기와
    수미산처럼 높이 쌓인 가루를
    신비하게 배열하여 자신들을

정복하신 분(부처님)들에게 공양 올립니다.

그리고 모든 비길 데 없는 공양물들을
들어 올려 선서들을 찬양하며
드높고 수승한 방편에 따라
절하며 부처님들에게 공양 올립니다.

오랫동안 애착과 미움, 무지로 압도되어
저는 몸과 말, 마음으로
악업을 지어왔습니다. 저는 이들을
하나도 빠짐없이 참회합니다.

부처님들과 보살님들의 성취에,
유학, 무학의 아라한들의 성취에,
모든 중생들의 잠재적인 선덕에
저는 가슴을 쳐들고 기뻐합니다.

오, 시방을 비춰주시는 등불,
완전한 깨달음을 얻으신 부처님들이시여,
여러분 모두에게 이 기도를 올리오니,
비길 데 없는 법륜을 굴려주소서.

부디 반열반에 들지 마시고
중생들의 이익을 위해 일해 주시옵소서.
이 세상 미진의 수만큼 많은 겁 동안
저희들과 함께 남으시어 저희들을 가르쳐주소서.

이렇게 절과 공양, 참회, 수희,
부처님들께 남으시어 가르침을 베풀어 달라는
간청으로 저희가 쌓은 모든 공덕을

최상의 완전한 깨달음에 이제 회향합니다.

그러고는 길거나 짧은 만달라 공양 게송을 낭송하십시오. 짧은 것은 다음과 같습니다:

> 만달라 기저에 꽃과 향, 향수 깔고
> 수미산과 네 대륙, 태양과 달로 장엄하여
> 깨달으신 분들의 영토에 공양 올리오니
> 모든 중생들이 이 정토를 즐기소서.

이제 주의를 당신의 근본 구루의 관상에 집중하여, 그가 모든 깨달으신 분들의 구현이라는 것을 기억하십시오. 그리고 윤회하는 삶의 고통에 대한 두려움을 일으키고, 당신의 스승님이 당신을 이 고통으로부터 벗어나게 안내할 능력을 갖고 있다는 믿음을 일으키십시오. 그리고 사유하십시오, 어떤 일이 당신에게 앞으로 일어나든지, 그것이 행복이든 어려움이든, 높은 일이든 낮은 일이든, 해탈과 깨달음을 위한 당신의 큰 희망은 바로 당신 자신의 고귀한 수행 스승입니다.

이렇게 생각하면서 다음 귀의하는 말을 낭송하십시오:

> 저는 소중한 붓다, 스승님께 귀의합니다.
> 저는 소중한 붓다, 다르마 스승님께 귀의합니다.
> 저는 법신, 스승님께 귀의합니다.
> 저는 보신, 스승님께 귀의합니다.
> 저는 최상의 화신, 스승님께 귀의합니다.

이런 식으로 스승에 대해 귀의하는 의식을 일으키십시오, 단순히 말로만 하지 말고. 그러고는 그에게 다음과 같이 간청하십시오:

모든 부처님들의 구현이신 오 소중한 스승님이시여, 당신에게 간청합니다.

놀라운 수행의 가르침의 원천이신, 오 소중한 스승님이시여, 당신에게 간청합니다.

삼계의 모든 중생들의 주 안내자이신, 오 소중한 스승님이시여, 당신에게 간청합니다.

저의 귀의와 희망의 원천이신, 오 소중한 스승님이시여, 당신에게 간청합니다.

저에게 영감을 주시어 모든 왜곡된 마음상태를 초월하게 해주십시오.

저에게 영감을 주시어 모든 맑은 마음상태를 일으키게 해주십시오.

저에게 영감을 주시어 두 종류의 보리심에 대한 깨달음이 일어나게 해주십시오.

저의 마음의 흐름에 가피를 주시어 제가 살아있을 때와 죽을 때, 죽음과 환생 사이(bardo 바르도)에서, 또한 모든 미래 생에서 두 보리심이 저의 마음속에서 약해지지 않고, 끊임없이 증장하며 나타나게 해주십시오.

제에게 힘을 주시어 저에게 일어나는 모든 어려움과 장애를 두 보리심을 개발하는 데 도우미로 받아들일 수 있게 해주십시오.

이 간청을 여러 번 당신의 마음속 깊은 곳으로부터 올리십시오, 당신의 눈에서 눈물이 나고, 당신의 몸의 털이 떨리기 시작하여 가만히 앉아있기 어려울 때까지.

그리고는 관상하십시오, 하얀 빛 줄기가 스승님의 머리 정수리로부터 나온다고.

그것은 당신의 머리 정수리로 와서 당신의 몸을 통해 흘러내리면서, 스승님의 성스러운 몸의 가피의 파동을 당신에게 주어 당신이 몸의 행동으로 전생에 쌓은 모든 악업을 정화해줍니다.

붉은 빛줄기가 스승님의 인후로부터 나와서 당신의 목 안으로 녹아들어옵니다. 그것은 스승님의 성스러운 말의 가피의 파동을 당신에게 주어 당신이 말의 업으로 전생에 쌓은 모든 악업을 정화해줍니다.

다음에는 푸른 빛줄기가 스승님의 심장으로부터 나와서 당신의 심장 안으로 녹아들어옵니다. 그것은 스승님의 성스러운 마음의 가피의 파동을 당신에게 주어 당신이 마음으로 전생에 쌓은 모든 악업을 정화해줍니다.

마지막으로 희고, 붉고, 푸른 빛줄기가 동시에 스승님의 머리와 인후, 심장으로부터 나와 당신의 머리, 인후, 심장 안으로 녹아들어옵니다. 그들은 당신에게 모든 가피를 주고 당신이 몸과 말, 마음으로 전생에 쌓은 모든 악업을 정화해줍니다.

그러고는 위의 과정의 단계들을 귀의 게송으로부터 시작해서 간청이 끝나는 곳까지 반복하십시오.

종결할 때, 관상하십시오. 스승님이 녹아서 작은 빛의 공((ball) 안으로 녹아 들어오신다고. 이 빛은 내려와 당신의 정수리 구멍을 통해 당신의 몸으로 들어와 당신의 심장으로 내려옵니다. 여기에서 그것은 당신의 의식의 흐름과 합쳐집니다.

이와 같이 오랫동안 스승님과 당신 자신의 마음이 불가분의 성품이라는 데에 대해 일념 명상 속에 머무십시오.

# II. 이 수련을 받을 수 있는 그릇으로 자기 자신을 만들기

이 두 번째 예비수행은 다음 네 가지 주제에 대한 사유입니다:

(A) 8유가와 10원만으로 축복받은 인생의 소중함
(B) 죽음과 무상(無常)
(C) 인과의 법칙
(D) 윤회하는 삶의 괴로움

**보충**

● **여덟 가지 여가**(팔유가八有暇) ●

1. 지옥중생으로 태어나지 않은 것
2. 아귀로 태어나지 않은 것
3. 동물로 태어나지 않은 것
4. 장수하는 천신으로 태어나지 않은 것
5. 야만인으로 태어나지 않은 것
6. 수행을 불가능하게 하는 몸과 마음의 결함을 갖고 태어나지 않은 것
7. 그릇된 견해를 가진 이로 태어나지 않은 것
8. 부처님께서 출현하시지 않았을 때 태어나지 않은 것

### ● 열 가지 유리한 여건(십원만+圓滿) ●

1 인간으로 태어난 것
2 부처님의 가르침이 있는 곳에 태어난 것
3 온전한 감각기관을 갖고 태어난 것
4 다섯 가지 중죄(오무간업)를 짓지 않은 것
5 삼보(三寶)에 대한 믿음을 갖고 있는 것
6 부처님 출현시에 태어난 것
7 부처님 설법시에 태어난 것
8 부처님의 가르침을 수행하는 이들이 있을 때 태어난 것
9 부처님의 가르침이 번창할 때 태어난 것
10 부처님의 가르침을 수행하는 데 필요한 것들을 보시하는
이들이 있을 때 태어난 것

## A. 인생의 소중함

여덟 가지 유가와 열 가지 원만으로 축복받은 인생의 소중함과 희귀힘에 대해서는 다음 네 가지 반시으로 사유합니다.

### 1. 유가와 원만의 성격

이것이 뜻하는 것은 우리가 무엇이 팔유가와 십원만인지 인식하고 고마워해야 한다는 것입니다.

팔유가가 가리키는 것은 수행적인 빈곤을 초월한 환생인데, 이들 중 넷은 비인간적인 상태를, 다른 넷은 인간적인 상태들입니다.
빈곤의 네 비인간적인 상태들 중 첫 셋이 가리키는 것은 어쩔 수 없는 업과 미혹의 힘으로 인해 삼악도, 즉 지옥계와 아귀계, 축생

계에 태어나는 것입니다. 넷째 빈곤은 업과 미혹의 힘 때문에 지나친 감각적인 탐닉에 의해 마음이 집중되지 않는 욕계의 천상 같은 장수신의 영역이나, 분별력이 없는 천신이나, 색계나 무색계의 천상에 태어나는 것입니다.

인간계의 네 가지 빈곤이 뜻하는 것은 붓다께서 세상에 오시지 않은 시대에 태어나거나, 붓다께서 오셨더라도, 그의 가르침의 네 바퀴가 도달하지 못하는 오지에 태어나거나, 깨달음의 가르침이 퍼져 있는 곳에 태어나더라도, 말을 못하거나 듣지 못하거나, 불완전한 마음의 능력을 갖고 있는, 심한 몸이나 마음의 결함을 갖고 있거나, 비록 중심지에 태어나고 온전한 능력을 모두 갖고 있더라도, 인과의 법칙을 인식하지 못하는 것과 같은, 수행의 성장에 어긋나는 강한 의견에 지배되기 때문에 수행에서 진전하지 못합니다.

이들 후자의 넷이 빈곤 상태라고 불리는 이유는 어떤 사람이든지 그런 상태에 태어나면 성스러운 다르마를 수행할 여가가 없기 때문입니다. 첫 셋의 경우에는 다르마와 비(非)다르마를 분별할 지식이 없고, 넷째의 경우에는 수행의 지식을 기를 성향이 전혀 없습니다.

십원만에 관해, 이들 중 다섯은 "개인적"이고, 나머지 다섯은 "환경적"이라 불립니다. 다섯 개인적인 원만은 (나가르주나의 글에) 다음과 같이 설명되어있습니다:

　　인간으로, 중심지에 태어나고,
　　모든 감각적인 능력을 갖고 있으며,
　　무서운 행위(오무간업)를 짓지 않았고,
　　수행을 위한 성향을 갖고 있는 것:
　　이들이 다섯 가지 개인적인 원만들이다.

다시 말해, 다섯 가지 개인적인 원만은
    (1) 인간으로 태어났고
    (2) 중심지, 깨달음의 가르침이 번창하는 곳에 태어났으며
    (3) 시각, 청각 등의 모든 감각 능력을 갖고 있고
    (4) 자신의 어머니, 아버지 등을 살해한 오무간업을 짓지 않았으며
    (5) 계, 정, 혜 삼학의 성격을 설명하는 삼장(三藏)과 같은 수행의 지식의 대상에 대한 관심과 믿음을 갖고 있는 것입니다.

이들 다섯이 '개인적인 원만'이라 불리는 까닭은 이들이 수행의 도의 실천에 도움이 되는 조건들이고, 이들은 자신의 개인적인 존재의 흐름과 직접적인 관련이 있는 요소들이기 때문입니다.

둘째 다섯은 다섯 가지 환경적인 원만으로 알려져 있습니다. 이들 또한(나가르주나에 의한) 한 게송에 설명되어있습니다:

붓다께서 오셨고, 다르마가 가르쳐져왔으며,
그 가르침들이 남아있고, 수행자들이 존재하며,
남들에 대해 자비로운 관심을 갖고 있는 것:
이들이 다섯 가지 환경적인 원만들이다.

다시 말해,
    **(1) 붓다께서 세상에 나타나셨고**
    **(2) 그가 성스러운 다르마를 가르쳐오셨으며**
    **(3) 그의 가르침과 또한**
    **(4) 그의 가르침을 성취한 수행자들이 여전히 세상에 남아있고**
    **(5) 수행자가 다르마를 수행할 선지식들의 자비로운 보살핌과 지원을 받을 수 있습니다.**

이들 다섯이 '환경적인 원만'이라 불리는 까닭은 이들이 다르마 수행에 도움이 되는 조건들이고, 이들은, 자기 자신의 존재의 흐름이 아닌, 현상(환경)과 직접적인 연관이 있는 요소들이기 때문입니다.

## 2. 이들의 탁월한 가치

두 번째 사유할 주제는 여덟 가지 여가와 열 가지 원만으로 축복받는 인간 환생의 탁월한 가치입니다.

이것은 두 가지 면에서 설명됩니다. 궁극적인 목적을 성취할 능력과 일시적인 목적을 성취할 능력.

이들 중 첫째에 대해, 가만(유가와 원만)으로 축복받은 인간으로 태어난 것은 붓다의 일체지의 경지와 마지막 해탈 또는 열반의 경지 둘 다 성취할 수 있는 탁월한 가치를 갖고 있습니다. 이들 성취 중 첫째는 가만을 가진 인간만이 성취할 수 있으며, 다른 생명 형태는 이 성취를 위한 적절한 기반이 아닙니다.

이들 성취 중 둘째, 해탈의 성취에 대해서는, 인간의 형태에 의존하여 적어도 (공성에 대한) 견도(見道)의 경지에 도달해야 합니다. 그래야만, 가만으로 축복받은 소중한 인생으로 성취한 것을 기반으로, 우리는 다른 생명 형태로(도) 깨달음의 길을 따라 계속 나아갈 수 있습니다.

소중한 인간으로 다시 태어나는 것은 일시적인 이익을 성취하는 데에도 매우 효율적입니다. 세속적인 수준에서 행복하기 위해서 우리들에게 필요한 것은 건강한 몸과 기본적인 생활필수품, 좋은 친구와 기타 도움이 되는 조건들입니다. 이것들을 획득하려면 절제 있는 방식으로 살고, 너그러운 마음을 개발하며, 인욕을 실천하는 등을 해야 합니다. 이들 가치를 자기 자신의 것으로 만들기 위한 최선의 수례는 가만으로 축복받은 소중한 인간으로 다시 태어나는 것입니다.

### 3. 이들의 희귀함

셋째 사유의 주제는 가만으로 축복받은 소중한 인간으로 태어나는 것의 희귀함입니다. 우리가 이 생명 형태가 매우 희귀하다는 것을 인식하기 위해서는 이것의 원인들과 성격 둘 다 사유해야 합니다.

소중한 인간으로 다시 태어나게 하는 주된 원인은 자제력의 개발인데, 여기에 대해 중생들은 거의 주의를 기울이지 않습니다. 반대로, 악도에 다시 태어나는 원인은 자제력의 결핍과 그 결과 짓는 악업인데, 이것들은 중생들이 거의 끊임없이 지지르는 것들입니다.

성품에 의한 희귀성에 대해 사유할 때 우리가 관찰해야 하는 것은 선도에 존재하는 중생들이 악도 중생들에 비해 얼마나 적으냐는 것입니다. 게다가 인간계에서 조차도 8유가와 10원만으로 모두 축복받은 사람들은 역사에 걸쳐 매우 적었습니다.

## 4. 이들의 핵심을 끌어낼 필요성

네 번째 주제는 가만으로 축복받은 우리들의 인생의 핵심을 끌어낼 필요성입니다.

우리가 8유가와 10원만을 갖고 있는 매우 희귀하고 의미 있는 인간의 형태를 성취한 이때 우리는 노력해서 이것의 핵심을 끌어내야 합니다. 우리가 끌어내야 할 최상의 핵심은 완전한 깨달음의 상태, 완전한 붓다의 경지의 성취입니다.

우리가 영감을 받아 우리의 소중한 인생의 핵심을 끌어내기 위해서 우리는 우리의 수행의 상황이 어떤 것인지 인식해야 합니다. 특히, 우리는 다음 네 가지 사실을 고려해야 합니다.

첫째, 우리는 모든 노력을 기울여 수행의 도를 성취해야 합니다. 왜냐하면 우리는 모두 행복을 성취하고 고통을 피하길 원하며, 이들 두 목표의 실현을 좌우하는 것은 우리들의 수행의 발전이기 때문입니다.

둘째, 우리는 수행의 도를 성취할 능력을 갖고 있습니다. 우리는 수행의 스승들을 만난 외적인 조건을 갖고 있으며, 우리는 또한 가만으로 축복받은 소중한 인간으로 태어난 내적인 조건도 갖고 있습니다.

셋째, 우리는 다르마 수행을 이생에 시작하고 연기하지 말아야 합니다. 왜냐하면 만일 우리가 수행의 안정을 지금 성취하지 않으면 우리가 다음 생에서 소중한 인간으로 태어난다는 보장이 없기 때문입니다.

넷째, 우리는 바로 이 순간부터 수행을 시작해야 합니다. 왜냐하면 우리가 언제 죽을지 확실하지 않기 때문입니다. 우리는 죽음과 무상에 대해 생각하고, 어떻게 죽음이 확실히 우리에게 올지 사유해야 합니다. 죽음을 염두에 두지 않고 살아가는 데에는 심각한 불리한 점들이 있으며, 죽음에 대해 생각하는 데에는 커다란 이익들이 있습니다.

누구나 지적으로는 죽음이 어느 날 오리라는 것을 이해합니다. 그러나 우리들 중 대부분은 이런 생각에 지배됩니다. "나는 오늘 안 죽을 거야, 나는 오늘 안 죽을 거야." 우리는 이런 생각을 우리가 죽는 바로 그 순간까지 합니다.

이런 미혹한 태도에 대한 대치법(해독제)이 죽음과 죽어감에 대한 명상입니다. 만일 우리가 우리의 삶에 이것을 적용하지 않으면 우리의 삶은 수행에 대한 무관심과 불건전한 행동의 영역에 잃어버려지게 됩니다. 그 결과 우리는 내적인 가치뿐만 아니라 해탈과 깨달음에 주의를 기울이지 않습니다. 그리고 우리는 세 가지 길, 문(聞), 사(思), 수(修)라는 수행의 목표를 성취하는 수단에 들어가지 않습니다.

죽음과 무상에 대해 생각하지 않으면 우리의 시간은 무의미함의 영역에게 쉽게 잃어버려집니다. 무관심과 연기(延期)라는 압도하는 힘 때문에 이런 일은 흔히 일어날 수 있습니다, 비록 우리가 수행에 들어간다고 해도. 이생의 것들에 대한 미혹된 애착심이 계속해서 우리들을 지배할 테고, 그 결과 우리들을 많은 부정적이며 그릇된 행동으로 인도할 것입니다. 그리하여 좌절과 고통이라는 윤회의 질병은 계속될 뿐일 것입니다.

반대로, 죽음과 무상에 대한 명상은 많은 유익한 결과를 가져옵니다. 모든 것이 일시적이라는 것에 대한 인식이 안정되고, 우리는 오늘이 우리들의 삶의 마지막 날이 될 수 있다는 것을 깨달을 것입니다. 그 결과 이생의 무상한 것들에게 집착하는 애착심이 완전히 바뀌고, 우리는, 보시와 지계, 인욕, 정진, 선정과 지혜의 개발에 의해 발생되는 창조적인 에너지(공덕) 같은, 지속적인 가치가 있는 것들에 대한 관심이 증가할 것입니다.

우리가 우리의 명상을 집중해야 할 죽음과 무상에 대한 생각은 정확하게 무엇일까요? 그것은 단순히 윤회의 고통을 일시적으로 피하기를 바라는 두려움의 마음에 집중하는 것이 아닙니다. 왜냐하면 미혹과 왜곡된 마음을 초월할(즉, 깨달음을 성취할) 때까지 우리는 계속 윤회에 머물게 될 테니까요.

그게 아니라, 이 명상의 목적은 죽음이 닥치기 전에 이생에서 어느 정도의 수행의 발전(해탈과 성불 같은)을 이루려는 결의를 일으키는 것입니다.

적어도, 죽음과 무상에 관한 우리의 명상은 (죽음이 우리들을 데려가기 전에) 낮은 환생의 원인들을 정화하려는 결의를 일으키고, 깨달음의 길의 수행을 계속하는 데에 도움이 되는 곳에 환생을 가져올 까르마의 인인들을 강화해놓는 것입니다.

(부처님께서는 분명히 가르치셨습니다) 악업을 초월하고 깨달음이나 더 높은 한생의 성취를 가져올 방법들을. 만일 우리가 수행을 통해 이들 위대한 이익을 성취하는 데에 이생을 바치지 않으면, 우리는 틀림없이 죽을 때 빈손으로 떠나며 후회할 것입니다.

## B. 죽음과 무상에 대한 명상

여기에는 세 가지 주요 주제가 있습니다,

   (1) 죽음의 확실성
   (2) 죽음의 시간의 불확실성과
   (3) 죽을 때 수행의 재산만이 우리들에게 도움이 된다는 사실.

이들이 이 명상의 세 가지 뿌리인데, 이들 하나하나를 떠받쳐주는 것은 다음 세 가지 이유입니다.

### 1. 죽음의 확실성

첫째 근본 주제는 죽음의 확실성입니다. 여기에 대해 사유하는 세 가지 방식은 다음과 같습니다.

A) 염라대왕이 모든 중생들에게 온다는 사실에 대해 명상하십시오. 이생에서 우리가 받은 몸이 무엇으로 구성되었든지, 그것은 죽음을 피하지 못합니다. 우리가 어디에 살든지, 그것은 죽음의 영토 밖이 아닙니다. 그리고 우리가 어떤 역사의 시대에 살든지, 그것은 죽음으로부터 벗어난 시대가 아닙니다.

이들 세 가지 요점 중에서 첫째(우리가 받은 몸의 구성에 관한 것)는 확실히 진실입니다. 만일 과거의 위대한 성취를 이룬 수행자들, 성문과 연각들, 최상의 화신 부처님들도 세상을 떠나는 모습을 보여주었다면, 범부들에 대해 무슨 말을 할 필요가 있습니까? 법구경(Udanavarga)에 설해져 있듯이,

완전한 부처님들과 연각들, 그리고 또한
부처님의 가르침을 기록한 성문들
모두 세상을 떠나고 그들의 몸을 뒤에 남겼는데,
범부에 대해서 말할 필요 있으랴?

둘째 요점(어디에 우리가 살든지 우리는 죽게 마련이라는 것) 또한 확실히 진실입니다. 법구경에 설해져 있듯이,

죽음이 도달하지 않는 곳은
전혀 존재하지 않는 곳이다.
그런 곳은 없다, 지상에도, 하늘에도,
바다 깊은 곳에도, 산꼭대기에도.

셋째 요점(시간은 문제가 되지 않는다는 것) 또한 진실입니다. 과거의 중생들은 모두 죽었습니다. 이로부터 우리가 추론할 수 있는 것은 현재와 미래의 모든 중생들도 죽는다는 것입니다. 법구경에 설해져 있습니다.

아무리 많은 중생들이 왔거나 오더라도
그들은 모두 이 세상을 떠나 다른 세상으로 간다.
그래서 지혜로운 사람들은 무상을 이해하고
다르마 수행에 확고하게 머문다.

죽음은 끊임없이 다가오는데, 아무것도 그것을 돌려보낼 수 없습니다. 속도도, 힘도, 재물도, 마법 물질도, 만뜨라도, 약도.

B) 그러고 나서 우리가 사유해야 하는 것은 우리들의 생명은 끊임없이 지나가고 있는데, 그것을 보충해줄 방법이 없다는 점입니다. 이것은 우리가 틀림없이 죽는다는 증표입니다. 비록 우리가 백년의 수명을 갖고 있다고 해도, 달이 지나가 신속하게 1년이 되고, 날이 지나가 신속하게 한 달이 되며, 날은 아침과 저녁, 빛과 어둠이 지나가면 사라집니다.

C) 다음으로 우리가 사유해야 하는 것은 우리가 살아있는 동안 우리는 청정한 다르마 수행에 너무도 적은 시간을 바친다는 점입니다. 우리가 백년을 산다고 해도, 최종적으로 계산해보면 다르마에 바친 시간은 이 중에서 많지 않을 것입니다. 이 중에서 거의 반은 잠자는 데에만 보냅니다. 또한, 우리 인생의 첫 10년 동안과 70세 후 기간 동안, 우리들에게는 수행할 에너지가 많지 않습니다. 그리고 이들 두 기간 사이의 시간에도 슬픔, 괴로움, 불행한 마음, 질병 같은 것들 때문에 우리는 수행을 하지 못합니다.

분명히 우리는 백년 내에 죽어야 합니다. 그러나 우리가 죽을 날은 결정되어있지 않습니다. 우리가 오늘 죽을지도 확실하지 않으며, 또한 우리가 오늘 안 죽을지도 확실하지 않습니다.

그러므로 가장 좋은 것은 우리가 죽음을 정면으로 직시하고, 오늘이 우리의 인생의 마지막 날이 될 수 있다고 생각하는 것입니다. 우리가 이런 태도를 취하면 마음은 자연히 무상한 활동에 대한 관심을 잃어버리고, 정화와 마음의 열림(공성)의 길 같은 더 높은 것들로 주의를 기울이게 됩니다.

## 2. 죽음의 시간의 불확실성

죽음의 시간의 불확실성에 관한 명상 또한 세 가지 사유가 있습니다: (A) 이 세상에서 수명은 고정되어있지 않으므로, 우리의 죽음의 시간은 알 수 없습니다. (B) 죽음을 가져오는 조건들은 많으나 생명을 떠받쳐주는 조건들은 적어서, 우리의 죽음의 시간은 불확실합니다. (C) 우리들의 물리적인 몸은 매우 약해서 쉽게 파괴됩니다.

A) 이 세상에는 고정된 수명이 없습니다. 수명이 미리 정해져 있는 전설의 땅 북구로주를 제외하고, 모든 다른 곳에서는 수명은 정해져 있지 않습니다. 특히 여기 [우리가 거주하는] 남섬부주에서 수명은 특히 불안정합니다.

더 이른 겁(劫) 때 사람들은 상상할 수 없을 만큼 오래 살 수 있었습니다. 이 겁 말에 사람의 수명은 10년 밖에 되지 않을 것입니다. 어느 시기에도 수명은 고정되어있지 않습니다.

B) 죽음을 위한 조건들은 많고 생명을 위한 조건들은 적습니다. 게다가, 생명을 떠받쳐주는 조건은 쉽게 우리들의 죽음을 가져오는 조건이 될 수 있습니다.

위의 진술 중에서 첫째 것은 확실히 진실입니다. 우리들 주위에는 유정과 무정이 주는 해가 넘칩니다. 어느 순간에나 우리들을 죽일 수 있는 사악한 존재들이 무수합니다. 예를 들어, 폭력적이고 부패한 사람들, 사악한 동물들, 기타 다양한 종류의 비인간들과 같은. 무정의 위험에 대해서는, 사대요소로부터 나오는 외적인 위험들이 있습니다. 예를 들어, 지진과 산사태, 불과 홍수, 태풍과 기타 자연재난 등과 같은. 이들은 순식간에 맹렬한 힘을 쏟아낼 수 있습니다. 내적으로 우리 몸의 요소들은 균형을 잃고 우리들을 갑자기 죽게 만들 수 있습니다.

C) 심지어 통상적으로 생명을 떠받쳐주는 요인들조차 우리들의 죽음을 가져올 수 있습니다. 먹을 것과 마실 것은, 우리들의 생존에 필요 불가결하지만, 우리들의 죽음을 가져올 수 있습니다. 우리가 너무 많이 먹거나 너무 적게 먹거나, 변해서 독을 갖게 되면. 우리들의 집이 무너져 우리들을 덮치거나 여러 가지로 우리들의 죽음을 가져올 수 있습니다. 심지어 우리들의 친구들조차 우리들을 속이고 우리들의 때 이른 죽음을 가져올 수 있습니다.

태어나는 바로 그 순간부터 우리는 즉사의 가능성에 끊임없이 직면하고 있습니다. 결국 분명한 것은 우리들의 몸은 약해서 가장 작은 요인에 의해서도 쉽게 파괴될 수 있다는 것입니다.

### 3. 죽을 때 수행으로 얻은 재산만이 우리들에게 가치가 있습니다

셋째로 우리가 사유해야 하는 것은 죽을 때는 우리들이 수행으로 얻은 힘만이 우리들에게 가치가 있다는 것입니다. 여기에도 세 가지 주제가 있습니다.

A) 죽을 때 우리는 수많은 가족과 친척들로 둘러싸일 수 있으나, 우리는 홀로 다음 세상으로 가야 합니다.

B) 우리들의 창고는 먹을 것과 마실 것으로 가득 차있으나, 우리는 빈손으로 가야 합니다. 우리는 가장 좋은 옷을 입고 있을 수 있으나, 우리는 우리가 태어날 때처럼 발가벗고 다음 세상으로 들어가야 합니다.

C) 우리가 이토록 애지중지하는 이 몸은 우리가 잉태되는 순간부터 우리와 함께 해왔지만, 우리와 헤어져야 합니다. 다른 물질적인 소유물에 대해서 무슨 말을 할 필요가 있습니까?

죽을 때 우리와 동반하는 것은 무엇일까요? 오로지 우리가 일생동안 닦은 선업과 악업의 씨앗뿐입니다. 우리를 따르는 악업의 씨앗들은 잠재적으로 우리들에게 해를 끼칠 원인들이며, 따라서 우리들을 큰 고통의 상태로 인도할 능력을 갖고 있습니다.

죽을 때 유일한 자산은 우리들이 수행으로 얻은 지식과 우리들 자신 안에 닦은 선업의 씨앗입니다. 이 수행의 지식이 그때 우리들의 도피처이자 피난처이고, 우리들의 지배자와 보호자이며, 우리들의 안내자이고 항해사입니다.

그러므로 바로 이 순간부터 우리는 수행의 지식을 닦고 강화해주는 길에 주의를 기울여야 합니다.

## C 원인과 결과의 까르마 법칙

자기 자신을 이 수련을 받을 수 있는 그릇으로 만드는 데 세 번째 사유의 주제는 까르마와 그 결과입니다. 이것은 세 가지 제목 아래서 다루어집니다: (1) 까르마 법칙의 성격, (2) 수행의 귀의처 찾기, (3) 마음에서 악업을 정화하기.

### 1. 까르마 법칙의 특징

우리가 언제 죽을지 확실하지 않으나, 죽음이 온다고 우리가 단순히 무(無)로 바뀌는 것은 아닙니다. 또한 우리는 해탈의 상태에 들어가리라고 믿을 충분한 이유도 없습니다. 미혹과 마음의 왜곡이 초월되지 않는 한, 우리는 계속해서 윤회의 세계에 다시 태어날 것입니다.

다시 태어나는 곳은 기본적으로 두 가지 유형에 속합니다. 세 가지 더 높은 영역(삼선도三善道) - 이곳에서 중생들이 주로 경험하는 것은 행복입니다 - 그리고 세 가지 더 낮은 영역(삼악도三惡道) - 이곳에서 중생들이 주로 경험하는 것은 고통입니다.

우리는 날마다 삼악도의 특징에 대해 사유해야 합니다. 당신 자신에게 이렇게 물어보십시오, "만일 내가 삼악도 중에서 한 곳에 다시 태어나는 것은 어떤 것일까?

선지식 나가르주나의 다음 충고를 기억하십시오:

날마다 뜨거운 지옥과 차가운 지옥의 특징들에 대해
생각해보고, 굶주림과 목마름에 시달리는 아귀들의
세계에 대해 생각해보며, 지식의 결핍으로 크게 고통 받는
동물들의 곤경에 대해 생각해보십시오.

날마다 이 충고에 대해 사유하면 많은 이익을 얻을 수 있습니다. 예를 들어, 그 결과로 얻게 되는 고통의 특징에 대한 지식은 우리들의 자만이 줄어들게 만들고, 우리는 해탈을 염원하는 생각을 하게 됩니다. 또한, 고통의 원인이 악업이라는 깨달음을 통해, 우리는 악업을 초월하려는 생각을 하게 됩니다.

또한, 고통을 원하지 않고 행복을 원하기 때문에, 우리는 행복의 원인인 창조적인 활동(선업)에 종사하려는 생각을 갖게 됩니다.

더욱이, 자기 자신의 고통의 경험과 다른 중생들도 고통 받으리라는 추론을 바탕으로, 우리는 모든 중생들에 대한 비심을 갖게 됩니다.

까르마와 그 결과에 대한 사유는 또한 윤회의 다양한 영역에서 볼 수 있는 무서운 고통에 관심을 갖게 되고, 그 결과 안내를 받기 위해 삼보에 귀의하려는 강한 생각을 일으키게 됩니다. 입보리행론(Bodhisattva-charya-avatara)에 설해져 있습니다.

   고통이 없으면 해탈에 대한 열망 없네.
   그러니 마음이여, 그대 확고해야 하네.

그리고 또,

더욱이, 고통은 많은 이익을 가져오네.
그에 대한 경험은 자만을 없애주고,
윤회에서 고통 받는 남들에 대한 비심 일어나며,
우리는 악업을 피하고 선업을 기뻐하게 되네.

그리고 또,

누가 나를 진실로 보호해줄 수 있으랴?
윤회의 고통에 대한 커다란 공포로부터.
겁에 질린 눈으로 미친 듯이 찾으려
나는 사방으로 도피처를 구하네.

거기서 도피처를 찾지 못하면
나는 우울로 압도되리.
도피처 찾지 못하면,
나 무엇을 할 수 있으랴?

그래서 난 지금 안내 받으려
세상을 보호해주시는 부처님들에게로 향하네,
모든 중생들을 보호하려 노력하시며
모든 두려움을 거대한 힘으로 없애주시는 분들에게로.

또한, 나는 청정하게 귀의처를 구하네,
부처님들께서 깨달으신,
윤회의 공포를 없애주는, 다르마와
또한 보살님들의 모임 승가로 향하네.

걱정으로 떨며 저는 저 자신을 바칩니다,
언제나 수승한 보살 보현과

지혜의 보살 만주슈리(문수)에게,
저는 신심을 갖고 귀의처를 구하나이다.

이렇게 고통의 특징에 대해 사유하는 것은 많은 이익을 가져옵니다.

정확하게 삼악도의 고통이라는 것은 무엇일까요? 여기에 대한 답을 얻기 위해 우리가 명상해야 하는 것은 지옥계와 축생계, 아귀계의 삶에 대한 것입니다.

### A) 지옥의 고통에 대한 사유

여기에는 세 가지 주제가 있습니다: (1) 뜨거운 지옥의 고통에 대한 사유, (2) 차가운 지옥의 고통에 대한 사유, (3) 간헐 지옥에 대한 사유.

(1) 뜨거운 지옥의 고통에 대한 사유

일반적으로, 여덟 개의 뜨거운 지옥이 있다고 합니다. 이들 중 첫째는 '죽고 부활'한다는 지옥이라 불립니다. 여기에서는, 이전의 행위의 업의 씨앗의 힘의 결과로, 중생들은 끊임없이 싸우며 무서운 무기로 서로를 해칩니다. 그들은 상처의 고통으로 의식을 잃으나, 그때 하늘로부터 목소리가 그들에게 외치며 다시 살아나라고 명령합니다. 그들은 즉시 되살아나 선처럼 계속해서 고통을 받습니다.

이 밑에, '검은 선 지옥'에서는, 무서운 고문자들이 중생들을 묶어 놓고 그들의 몸에 검은 선을 그립니다. 그러면 그들은 이 선을 따라 톱과 칼, 도끼로 잘립니다.

'부수는 지옥'에서 중생들은 염소의 머리처럼 생긴 거대한 산 사이에 끼여서 부수어지는 경험을 합니다.

'누르는 지옥'에서 중생들은 거대한 금속 기계 속에 강제로 집어넣고 서서히 짓눌러집니다. 마치 사탕수수를 눌러서 즙을 짜듯이.

'모아 부수는 지옥'에 태어난 중생들은 집단으로 추격당합니다. 종국에 가서 그들은 붙잡혀서 거대한 바위 밑에서 부수어집니다.

'비명의 지옥'에서 중생들은 불타는 쇠로 만든 집 안으로 강제로 들어가게 합니다. 그들은 강렬한 통증 때문에 비명을 지릅니다.

이 밑에 있는 지옥('요란한 비명'이라 불림)에서 그들은 달아나 바깥에 있는 방 안으로 들어갑니다. 그러나 이것도 쇠로 만들어져 있고 불타고 있습니다. 여기 열과 고통은 전보다 더욱더 강렬해서 그들은 요란한 비명을 지릅니다.

이 밑에 있는 지옥('태우는 지옥'이라 불림)에 태어난 중생들에게는 이 땅의 표면 자체가 벌겋게 뜨거운 금속으로 만들어져 있는 것 같아 보입니다. 옥졸들이 이 중생들을 불타는 창으로 고문하며, 항문으로부터 머리 꼭대기까지 찌릅니다. 불이 그들의 온 몸의 구멍으로부터 솟아나옵니다.

이 밑에 있는 '극도의 태우는 지옥'에서는, 옥졸들이 벌겋게 뜨거운 쇠로 된 삼지창으로 이 곳 중생들의 몸을 찌릅니다. 삼지창의 뾰족한 끝이 그들의 어깨와 머리 꼭대기로부터 불쑥 튀어나옵니다. 또 다시, 온 구멍으로부터 불이 솟아나옵니다. 여기 중생들은 또 녹은 철물 속에서 끓여집니다. 피부와 살이 모두 떨어져나가고 골격만 남을 때까지. 그러고는 그들을 꺼내서 다시 살아나게 하며, 이 과정은 반복됩니다.

마지막으로, 아비지옥('무간지옥')에서는, 불이 모든 방향으로부터 타오릅니다. 이곳은 너무도 뜨거워서 불꽃과 자기 몸이 구별되지 않습니다. 유일한 들리는 소리는 맹렬한 불꽃의 무서운 포효뿐입니다.

이들 지옥에 태어나는 중생들은 거기에 얼마나 오래 머물러야 할까요? 상상해보십시오, 위대한 왕 같은 천신들은 5백년을 사는데, 이들의 삶에서 하루는 인간계의 50년과 동일합니다. 이런 식으로 계산해보십시오, 이런 날 30개를 한 달로, 열두 달을 1년으로, 계속해서 500년 동안을.

이들 지옥 중에서 수명이 가장 짧은 곳('죽어 다시 살아나는 지옥')에서 하루는 그 기간이 천신의 전체 수명과 동일합니다. 이런 날 30개를 한 달로, 그런 달 12개를 1년으로, 계속해서 그런 해 500개 동안.

이 밑에 있는 각 지옥에서는 그 기간이 두 배가 됩니다. '극도의 태우는 지옥'은 중겁(中劫)의 반 동안 지속되고, '무간지옥'에서는 중겁 전 기간 동안 지속됩니다.

만일 이들 뜨거운 지옥의 고통이 당신에게 떨어진다면, 당신은 그 고통을 견디기 지극히 어려울 것입니다. 그것은 지극히 길고 강렬하기 때문입니다. 지금 우리는 우리의 손 하나를 뜨거운 석탄 속에 잠시 동안만 넣는 고통도 견디기 어렵습니다. 그러니 뜨거운 지옥의 고통을 견딜 우리들의 능력에 대해 무슨 말을 할 수 있겠습니까?

윤회세계의 모든 고통 중에서 뜨거운 지옥의 고통이 가장 무섭습니다. 특히 무간지옥의 고통이. [성(聖) 용수의] *친우서*(Suhrllekha)가 설하듯이,

> 모든 즐거움들 중에서 가장 큰 것은
> 집착으로부터 벗어난 것이라 하네.
> 마찬가지로 윤회세계의 모든 고통 중에서
> 가장 큰 것은 아비지옥의 고통이네.
>
> 하루 동안 계속해서 삼백 개의 무서운
> 창에 찔리는 고통은 작은 고통이네.
> 지옥의 고통에 비하면. 어떤 이미지로도
> 그 경험을 표현할 수 없다네.

우리는 우리들 자신이 이들 지옥에 다시 태어나지 않으리라는 것을 확신할 수 없습니다. 거기에 태어나는 원인은 강렬한 정도의 악업인데, 지금도 우리들의 몸과 말, 마음은 악업을 많이 짓고 있는 것 같습니다. 게다가, 우리는 무시이래 무수한 전생에서 그렇게 해 왔습니다.

이들 악업의 씨앗은 우리들의 마음의 흐름 안에 놓여있으며, 계속해서 놓여있을 것입니다. 우리가 해독제를 사용해서 없애거나 그것들이 우리들에게서 익어서 우리가 고통을 겪을 때까지. 그것들을 모두 초월할 때까지 우리는 남아서 쉽게 그런 곳에 다시 태어날 수 있습니다.

이들 여덟 지옥 하나하나의 네 면에는 벌겋게 뜨거운 석탄 구덩이들이 있습니다. 이들을 통해서 달아나려고 하면 무릎 높이까지 구덩이에 빠지게 됩니다. 다리가 석탄에 들어가면 살과 뼈가 타서 없어지고, 다리를 다시 밖으로 빼내면, 다시 회복됩니다.

이 지옥 다음에는 시체들로 가득 찬 늪이 있습니다. 이것을 건너가려고 하면 허리 높이까지 빠집니다. 머리는 희고, 몸은 검으며, 입에는 매우 예리한 이를 가진 벌레들이 공격하여 씹어서 구멍을 냅니다, 살을 뚫고 골수에 이르기까지.

그때 이 지옥 중생은 면도칼 고속도로 지옥에 도달합니다. 그는 이 고속도로를 따라 달아나려고 하나, 이것은 날카로운 면도칼로 만들어져 있어서, 그가 이 도로를 따라서 달리면 면도날이 그의 발과 다리 속으로 자르고 들어옵니다. 다리가 다시 회복되고, 이 과정은 계속됩니다.

다음에는 이 중생은 칼 같은 잎의 숲에 도달합니다. 잎이 나무에서 떨어지며, 그가 이 나무 아래서 달려갈 때, 파고들어가 무서운 상처를 그의 몸 안에 냅니다.

그때 쇠로 된 턱을 가진 개들이 쫓아와 물어뜯으면, 그는 나무 안으로 기어 들어가 피하려 합니다. 그 나무의 가시는 날카로운 꼭지를 아래로 향하고 무자비하게 찌릅니다. 쇠로 된 부리를 가진 까마귀들이 위로부터 공격하여 당신의 얼굴과 눈을 쪼아댑니다. 당신이 내려가려고 하면, 이제 가시는 뾰족한 끝을 위로 향하고 또다시 당신의 살을 찢습니다.

마지막으로 당신은 재의 강(the River of Ashes)에 이릅니다. 당신은 건너려고 하지만, 한 번 들어가면 당신은 커다란 솥 안에서 빠르게 끓는 쌀처럼 위아래로 던져집니다. 당신이 달아나려고 하면, 당신의 출구는 무기를 갖고 있는 사악한 옥졸들이 막습니다.

(2) 차가운 지옥의 고통에 대한 사유

이들 지옥에는 여덟 개가 있으며, 이들이 있는 곳은 땅 아래 차가운 어둠 속, 뜨거운 지옥 북쪽으로 멀리 떨어진 곳이라고 합니다.

'물집지옥'에서는 거주자들의 몸이 강렬한 추위 때문에 터져 무서운 물집이 생깁니다.

이 아래에 있는 지옥에서는 거주자들의 몸에 거대한 물집이 생기는데, 이것들은 터져서 고름이 흘러나옵니다. 이 중생들은 추위의 고통으로 소리치며 통곡합니다. 그들의 몸은 추위로 퍼렇게 변하고, 푸른 연꽃처럼. 다섯 조각으로 갈라집니다. 이 아래에 있는 지옥('연꽃처럼 갈라지는')에서는 몸이 붉게 변하고, 연꽃처럼, 여덟 조각으로 갈라집니다. 그리고 '거대한 연꽃처럼 갈라지는' 지옥에서는 주민들의 몸은 수백 혹은 심지어 수천 조각으로 갈라져, 폐와 심장 같은 내장을 강렬한 추위에 노출시킵니다. 이러한 것이 바로 그들이 겪는 고통입니다.

이들 고통이 얼마나 오래 계속될까요? 우리들에게 커다란 그릇이 있는데, 여기에 80기마니의 참깨가 가득 들어있고, 참깨 한 알을 백년마다 옮기는 경우에, 참깨를 모두 옮기는 데에 걸리는 시간은, 이들 중에서 가장 짧은, '물집지옥'의 수명과 맞먹습니다.

이 아래 각 지옥에서는 그 기간이 그 위에 있는 지옥의 20배입니다. 여덟 개의 지옥 각각에 대해서는, 따라서 20배에 20배에 20배 등이 됩니다.

만일 이들 강렬하고 긴 고통이 당신에게 떨어진다면, 당신은 정말 견디기 어려울 것입니다. 예를 들어, 현재 당신은 밖에 얼음과 눈 속에서 단 하루 동안 머무는 고통도 거의 견디지 못합니다. 그러니 차가운 지옥의 고통을 견딜 우리들의 능력에 대해 무슨 말을 할 수 있겠습니까?

그러나 우리는 우리가 거기에 다시 태어나지 않으리라고 자신할 수 없습니다. 과거에 많은 악업을 저질렀고, 성물(聖物)들을 훔치고 경시했으며, 수행의 길과 상충하는 견해를 갖고 살았습니다. 심지어 지금도 우리는 이런 짓을 합니다. 무시이래 많은 전생에 우리는 의심할 여지없이 그런 악업의 씨앗을 쌓아왔습니다.

(3) 간헐지옥의 고통에 대한 사유

간헐지옥은 뜨거운 지옥과 차가운 지옥 가까이에 위치한다고 합니다. 그들은 강과 사막, 산 등의 속에 있습니다. 그들의 특정한 장소와 수명의 길이는 미리 정해져 있지 않습니다.

이곳에서 겪는 고통에 대해서는 다른 경전에서 읽을 수 있습니다.

## B) 축생계의 고통에 대한 사유

일부 동물들은 큰 바다 속에서 사는데, 여기서 그들은 버려진 술 찌꺼기에 모이는 파리들처럼 많습니다. 거기로부터 그들은 진화하여 인간계와 천상계로 들어갑니다.

그들의 고통은 어떤 것일까요? 어떤 때는 큰 것들이 작은 것들을 잡아먹습니다. 또 어떤 때는 많은 작은 것들이 협동하여 큰 것을 죽이고 먹습니다. 많은 것들이 사람에 의해 사육되어 죽임을 당합니다. 어떤 것들은 털을 얻기 위해, 어떤 것은 진주나 뼈, 살이나 껍질을 위해서. 또 어떤 것들은 작업을 위해 착취당하고, 주먹질이나 발길질을 당하거나 막대기와 회초리, 쇠갈고리로 얻어맞습니다. 그들은 주인을 위해 무거운 짐을 나르고, 코뚜레에 매놓은 밧줄에 의해 끌려갑니다. 또 어떤 것들은 사람에 의해 사냥되고, 덫에 걸리며, 죽임을 당합니다.

동물들은 얼마나 오래 살까요? 일반적으로 그들은 정해진 수명이 없다고 합니다. 비록 가상 오래 사는 동물은 중겁(中劫) 동안 생존한다고 말하지만.

만일 축생계의 고통이 오늘 우리들에게 떨어진다면, 우리는 정말 견디기 어려울 것입니다. 현재 우리는 작은 곤충이 쏘는 것조차 견디기 어려워하는 것 같습니다. 불행하게도 우리는 어떤 미래 생에서 거기에 다시 태어나지 않으리라고 자신할 수 없습니다. 동물로 태어나는 원인은 중간 정도로 강한 악업입니다. 그런데 지금도 우리는 이들 악업을 거의 계속해서 몸과 말, 마음으로 짓고 있는 것 같습니다. 게다가, 우리는 무시이래로 무수한 전생 동안 그렇게 해 왔습니다.

### C) 아귀계의 고통에 대한 사유

안절부절 못하는 아귀들이 사는 곳은 지하 500 요자나, yojannas (약 2000마일)라고 합니다. 인간계와 천상계에 나타나는 아귀들은 거기서 나온다고 합니다.

안절부절 못하는 아귀들에는 36가지 주요 종류가 있으나, 통상적으로 세 가지 기본 집단으로 분류됩니다: 외적인 장애를 가진 아귀, 내적인 장애를 가진 아귀, 장애에 장애를 가진 아귀.

외적인 장애를 가진 아귀는 강과 호수를 보지만, 허겁지겁 달려가서 물을 마시려 하면 칼과 창을 들고 그곳을 지키는 자들이 쫓아버립니다. 그렇지 않으면 강이나 호수의 물이, 그들에게는 고름과 피로 변해서, 그들은 거기에 다가갈 수 없습니다.

내적인 장애를 가진 아귀는 입은 바늘구멍만큼 작고 배는 수미산만큼 큽니다. 그래서 비록 그들이 먹을 것과 마실 것을 구하는 데에 외적인 장애는 없지만, 그들은 그렇게 할 수 없어서 굶주림과 목마름을 한 번도 해결할 수 없습니다.

장애에 장애를 가진 아귀는 여러 가지로 고통 받습니다. 어떤 아귀는 어떤 걸 먹거나 마실 때마다 그것이 터져서 불꽃이 되어 그들을 태웁니다. 또 어떤 아귀는 똥과 오줌 같은 더러운 것만 먹을 수 있으며 정상적인 음식물은 먹을 수 없습니다. 또 어떤 아귀는 생명을 유지할 더러운 것조차 구할 수 없습니다.

어떤 아귀는 자기 자신의 살과 피만 먹고 마실 수 있고, 그 밖의 다른 어떤 것도 먹을 수 없습니다. 반면에 또 어떤 아귀는 여름에 시원한 달빛에 타고, 따뜻한 겨울 해가 견딜 수 없을 정도로 춥습니다.

어떤 아귀는 과수원이나 강을 보지만, 허겁지겁 거기로 달려가면 과일이나 물은 사라져버립니다. 이들과 기타 많은 아귀계의 고통이 나가르주나의 *친우서*에 자세히 묘사되어있습니다.

그들의 수명은 얼마나 될까요? 인간의 시간으로 한 달이 그들의 삶에서는 하루라고 합니다. 그런 날 30개가 한 달이 되고, 그런 달 12개가 일 년이 되니, 그들은 그런 해로 500년을 사는 샘입니다.

아귀계의 고통이 우리들에게 온다면, 우리는 정말 그것을 견디기 어려울 것입니다. 현재 우리는 단지 5일이나 6일 동안 먹지 않고 지내는 것조차 견디기 어렵습니다. 그러니 아귀의 고통에 대해서 우리가 무슨 말을 할 수 있겠습니까?

그러나 우리는 우리가 거기에 다시 태어나지 않으리라는 것을 자신할 수 없습니다. 그런 환생의 원인은 중간 정도로 강한 악업의 씨앗의 축적과 또한 인색과 탐욕입니다. 우리는 이생에서만도 많은 그런 씨앗을 축적해왔습니다. 무시이래 우리들의 모든 전생에 대해서는 말할 것도 없고.

이것이 윤회세계의 삼악도의 고통의 성격입니다. 온갖 노력을 다해서 거기에 다시 태어나는 원인인 악업의 축적을 버리십시오. 대신에 삼선도 환생의 원인인 선업과 선(善)을 쌓기 위해 노력하십시오.

더욱이, 최상의 선은 두 보리심 또는 깨달음 마음이니, 부지런히 노력하여 이것을 개발하고 성취하십시오.

얼마나 많은 시간이 이생에 우리들에게 남아있는지는 불확실합니다. 그러니 현명한 것은 우리가 당장 삼악도의 성격에 대한 건전한 관심을 일으키고, 안내를 받기 위해 삼귀의처 - 부처님들과 다르마 승가 - 로 향하는 것이 될 것입니다. 그리고 우리들의 수행의 탐구가 청정하도록 원인과 결과의 까르마 법칙의 작용에 대한 명료한 이해를 기르는 것입니다.

## 2. 수행의 귀의처를 찾아서

일반적으로 불교의 수행에 들어가는 문과, 그리하여 깨달음의 길로 들어가는 문은 부처님들과 다르마, 승가에 귀의하는 것입니다. 그러므로 이것은 상당히 중요한 일입니다.

전통적으로 귀의라는 주제는 네 가지 제목 하에 가르쳐집니다: (A) 귀의에 대한 마음의 기반, (B) 귀의의 중심인 대상들, (C) 귀의의 조건, (D) 귀의한 분들을 위한 충고.

### A) 귀의하기 위한 심리적인 기반

두 가지 마음의 요인이 있어야 우리는 마음이 일어나서 귀의할 수 있습니다. 이들 중에서 첫째는 불완전한 윤회에 내재하는 위험들에 대한 현실적인 인식입니다. 둘째는 부처님들과 다르마, 승가가 이들 위험을 초월하려는 노력에서 우리들에게 큰 도움이 될 수 있는 수행의 이익을 가져올 능력을 갖고 있으며, 우리들로 하여금 모든 두려움을 초월하게 할 수 있다는 것을 아는 것입니다.

## B) 귀의의 중심인 대상들

어떤 종류의 대상이 귀의의 효과적인 중심으로 역할을 할 수 있을까요? 여기 *백오십 찬가*(Satapancashatka-stotra)에 설해져 있습니다.

**허물과 단점을 완전히 초월하고
모든 탁월한 자질을 완벽하게 개발한 분들에게,
지혜로운 분이 그들을 공경하고 가장 존경하며
그들의 가르침 안에 머무는 것은 아주 당연하다.**

바꾸어 말해서 완전히 깨달으신 분들, 모든 허물을 초월하고 모든 탁월한 점을 가진 부처님들에게 우리는 당연히 안내를 받아야 합니다.

어째서 완전히 깨달으신 분들이 가치 있는 귀의의 대상일까요? 왜냐하면 그들은 자신이 모든 윤회의 두려움으로부터 해탈을 성취하셨으며, 또한 그들은 남들을 두려움의 초월(해탈)로 안내할 지혜와 방편을 갖고 있기 때문입니다. 게다가, 그들의 동기는 오로지 자비이고, 그들이 추구하는 것은 모든 중생들에게 이익을 주며 추호도 편애하지 않습니다.

이것은 이쉬와라(Ishvara)와 같은 세속적인 신들의 경우와는 다릅니다. 왜냐하면 그들은 자신이 질투와 같은 윤회의 허물에서 벗어나지 못했으며, 또한 해탈의 모든 방편들을 갖고 있지 않습니다. 왜냐하면 그들 자신이 아직 궁극적인 해탈을 성취하지 않았고, 그들의 동기도 오로지 편파적이 아닌, 보편적인 자비가 아니기 때문입니다.

깨달으신 분들은 가치 있고 효과적인 귀의의 대상이기 때문에 당연히 그들의 가르침인 다르마도 가치 있는 귀의의 대상입니다. 마찬가지로, 그들의 가르침의 높은 수행자들인 승가도 가치가 있는 것입니다.

### C) 귀의의 조건

귀의를 하는 전통에는 네 가지 주제가 있습니다: (1) 귀의의 대상의 탁월함에 대한 인식, (2) 그들의 독특함에 대한 인식, (3) 귀의의 관점, (4) 귀의의 대상을 오해하지 않기

(1) **삼보의 탁월함에 대한 인식**

탁월함에 대한 인식이 뜻하는 것은 우리가 부처님들과 다르마, 승가, 삼보 각각의 뛰어난 점을 알고 귀의한다는 것입니다.

부처님들의 탁월함은 그들의 몸과 말, 마음과 깨달은 활동이라는 놀라운 특성이라는 관점에서 논의됩니다.

깨달으신 존재들의 신체적인 탁월한 특성은 *게송의 태피스트리* (Mishraka-stotra)에 설명되어있습니다.

> 깨달으신 존재의 신체적인 모습은
> 바라보기에 기쁘고 눈에 치유 가져오네,
> 구름 한 점 없는 가을 하늘에 빛나는
> 아름다운 별들의 무리처럼.

깨달으신 존재의 말은 신기하게도 그의 말을 듣는 사람들이 그때 마음속에 갖고 있는 수행의 질문에 대한 직접적인 대답으로 사람들에게 맞게 들립니다. 만일 모든 중생들이 깨달으신 분에게 동시에 한 가지 질문을 하면 그는 그 모든 질문을 단 한 순간에 파악하고, 비록 한 가지 대답만 해도, 모든 다른 중생들은 그것을 들을 때 자기들 자신의 언어로 그들의 개인적 관심에 직접적으로 얘기해주는 것 같은 방법으로 듣습니다. *진실한 자의 장*(The Chapter of the Truthful One)은 설합니다,

> 세상에 존재하는 모든 중생들이
> 동시에 짜증이 나서 질문을 해도
> 부처님은 그것들 모두를 순식간에 이해하시고
> 모든 질문을 듣기 좋은 말 한 마디로 답하시네.

부처님의 마음의 자질에 대해서는 두 부분으로 가르쳐집니다: 지혜의 자질과 자비의 자질.

부처님께서는 모든 앎의 대상을 손바닥에 든 투명한 과일 한 조각처럼 분명하게 아신다고 합니다. 부처님의 지혜는 모든 앎의 대상을 꿰뚫어봅니다. 범부들에게 앎의 대상은 단순히 너무 방대한데, 그들의 지혜는 너무 작습니다. *칭찬받을 가치가 있는 자들을 칭찬하며*(Devatishaya-stotra)에 이렇게 설명되어있습니다,

> 오로지 완전히 깨달으신 분의 지혜만이
> 모든 앎의 대상을 꿰뚫어보네.
> 낮은 수행 단계에 있는 존재들에게
> 이 지혜는 아직 알려져 있지 않네.

일반 중생들을 움직이는 것은 미혹과 왜곡된 마음뿐입니다. 반면에 완전히 깨달은 분들을 움직이는 것은 자비심뿐입니다. 그들은 끊임 없이 모든 중생들에 대한 자비의 흐름 속에 머뭅니다. 백오십 찬가 (Satapancashatka-stotra)는 설합니다.

> 모든 깨닫지 못한 중생들은
> 하나도 빼놓지 않고 미혹에 묶여있네.
> 그러나 붓다를 오랫동안 지원해온 것은 자비와
> 모든 중생들을 미혹으로부터 해방시키려는 생각이네.
>
> 그러니 나는 먼저 부처님들에게 예배해야 합니까?
> 아니면 그들이 윤회세계에 남으시어
> 중생들을 해탈시키기 위해 지칠 줄 모르고 일하시게
> 만드는 대비심에 예배해야 할까요?

완전히 성취한 붓다의 깨달은 활동에 대해서, 그의 몸과 말, 마음의 마력적인 활동은 자연발생적으로 중단 없이 일어나서 이 세상 중생들에게 이익을 준다고 합니다.

중생들 쪽에서 보면, 그들은 안내와 도움이 필요합니다. 부처님들에 대해서는, 그들이 갖추지 않은 완전함이 없으며, 불완전한 상태에 있는 중생들도 너무 불완전해서 부처님들께서 안내할 수 없는 중생들은 없습니다.

간단히 말해, 부처님들께서는 가능한 모든 것을 하시어 선과 깨달음, 기쁨을 세상에 가져오시고, 악업과 무지와 고통은 중생들의 마음의 흐름으로부터 제거하십니다.

다르마의 탁월함. 법보의 탁월한 점은 다르마의 수행을 통해서 우리가 완전한 깨달음을 성취한다는 것입니다.

만일 우리가 부처님들의 위대함을 인식하면 우리는 다르마의 위대함을 인식할 수 있습니다. 왜냐하면 온갖 탁월함을 갖춘 부처님들께서 그들의 완전함을 성취하신 것은 먼저 다르마의 가르침을 들으시고(문聞) 지시사항을 실천하여 그 의미들을 체득하시고(사思) 깨달음의 길에서 수습(수修)하셨기 때문입니다.

승가의 탁월함. 만일 우리가 다르마의 탁월함을 인식할 수 있으면 우리는 또한 승가의 탁월함을 인식할 수 있습니다. 왜냐하면 승가는 다르마의 공부와 실천을 통해 높은 수행의 경지를 성취하신 분들이기 때문입니다.

(2) 삼보의 개별적인 독특함에 대한 사유

삼보의 성격의 개별적인 독특함은, 부처님들은 완전한 깨달음의 경지를 나타내시고, 다르마는 깨달음의 산물이며, 승가는 올바르게 다르마 수행을 위해 노력하는 수행자들이라는 것입니다.

그들의 깨달음의 활동의 개별적인 독특함은, 부처님들은 다르마를 전해주시고, 다르마는 미혹과 고통을 초월하게 해주며, 승가는 수행자들에게 영감을 불어넣어 그들이 노력하여 다르마를 깨닫게 한다는 것입니다.

삼보의 개별적인 독특함을 인식하는 방법은, 부처님들은 공경해야 하고, 다르마는 깨달아야 하며, 승가는 함께 하기에 의미 있는 분들로 간주해야 한다는 것입니다.

삼보의 개별적인 독특함을 닦는 방법은, 부처님들은 존중하고 공경해야 하고, 다르마는 체득해야 할 요가(수행)이며, 승가는 수행과 사회적인 기쁨을 공유해야 할 분들로 여기는 것입니다.

삼보를 억념 명상으로 수행하는 방법의 개별적인 독특함에 대해, 먼저 부처님들에 대한 억념은 다음 구절에 설해져 있습니다.

> 부처님은 세존이요, 여래, 아라한(응공), 완전히 깨달으신
> 분(佛불)입니다.
> 그는 지혜와 그 기반(행)을 갖추신 분(명행족)이며, 선서(善逝)요,
> 세상을 아시는 분(세간해)이시며, 수련 받아야 할 사람들에게 위없는
> 스승(조어장부)이시고, 인간과 천신들의 지도자(천인사)이십니다.

다르마에 관한 억념도 유사하게 설해져 있습니다.

> 세존의 다르마는 우아하게 설해지고, 완전하게
> 인식되며, 모든 허물이 없고, 오래 지속되며,
> 잘 전달되고, 바라보기에 의미가 있으며,
> 지자들이 개인적인 경험을 통해 깨달아야 할 대상이다.

그리고 승가에 대해서는 이렇게 설해져 있습니다.

> 승가는 깨달으신 분들의 말씀에 주의를
> 기울이는 분들로, 존재 방식이 탁월하고,
> 존재 방식이 정확하며, 존재방식이 우아하다.

삼보가 우리들의 공덕의 힘을 확대하는 개별적인 탁월함은, 최상의 증장이 (이들 셋에 대해) 각각 일어난다는 것입니다: 단 한 사람(부처님)과 관련해서, 다르마와 관련해서, 그리고 수행자들의 공동체(승가)와 관련해서.

(3) 귀의의 관점

귀의의 관점이 뜻하는 것은 우리가 부처님들에게로 향하는 것은 그들이 귀의의 길을 드러내주시는 원천이라는 것이고, 우리가 다르마로 향하는 것은 그것이 귀의의 실제 대상이라는 것이며, 우리가 승가로 향하는 것은 그들이 귀의의 수행을 떠받쳐주는 친구들이라는 것입니다.

(4) 귀의의 대상을 오해하지 않기

귀의의 대상을 오해하지 않는다는 것이 뜻하는 것은 우리는 불교의 전통을 불교가 아닌 전통과 구별해주는 특징들에 대해 성숙되고 조리 있는 인식을 갖고, 그 인식을 바탕으로 불교의 길에 더 강한 업의 인연을 느껴야 한다는 것입니다.

일반적으로 우리는 부처님들은 완전히 깨달으신 분들로서 모든 허물은 버리셨고 모든 깨달음은 성취하셨다는 인식을 가져야 합니다. 그러나 이 인식은 부처님들보다 못한 스승들에 대해서는 갖지 말아야 합니다. *더 우월한 분들을 찬양하며*(Vishesa-stava)에 설해져 있듯이,

난 범부 수행 스승들에 대해서는 포기하고
깨달으신 분들에게 귀의하네.
만일 당신이 왜 내가 그렇게 하느냐고 물으면
깨달으신 분들에게는 허물이 없고 온갖 탁월함만 있기 때문이네.

같은 텍스트가 다른 곳에서 설합니다.

더 많이 범부 스승들이 쓴 글을
내가 읽고, 사유하며 주의 깊게 생각해보면,
더 많이 내 마음은 자신감을 일으키네,
깨달으신 분들이 지적하신 길에 대해서.

간단히 말해서, 붓다의 길은 기쁜 길로 기쁜 결과를 가져옵니다. 이 말은 많은 다른 소위 수행의 스승들에 대해서는 할 수 없습니다.

부처님들의 이들 특징들과 그들이 가르친 깨달음의 길은 자연히 이 길의 수행자들인 승가로 이어집니다.

## D) 귀의한 분들을 위한 충고

이것은 두 가지 제목 아래 제시됩니다:
(1) 요약(Prajnaparamitopadesha)에 들어있는 충고와
(2) 구두 전통에서 일반적으로 주어지는 충고.

(1) 요약에 나오는 충고

이 요약은 두 세트의 네 가지 충고를 열거합니다. 첫째 세트는 다음 네 가지 요소들로 구성되어있습니다: 성인(聖人)들에게 의지하

기, 성스러운 다르마 듣기, 다르마에 대해 잘 생각해보기, 가르침에 따라 실천하기. 다시 말해, 안내를 받기 위해 부처님들에게 귀의했으므로 우리는 수행의 스승이 깨달음의 길의 뿌리라는 것을 이해하고 그와 효과적인 수행 관계를 개발해야 합니다.

부처님에 대한 귀의가 뜻하는 것은 우리가 이 길의 스승을 안내의 근원으로 받아들인다는 것입니다. 합일시키는 수행은 이 길의 스승을 자신의 모델로 간주하는 수행입니다. 둘째와 셋째 요소에 대한 설명: 다르마에 귀의했으므로 우리는 부처님들의 가르침과 그들의 높은 제자들을 잘 고려해야 합니다. 다르마에 대한 귀의가 뜻하는 것은 우리가 다르마의 경전과 직관 전승을 깨달음의 대상으로 간주하는 것입니다. 합일시키는 수행은 다르마를 잘 듣고 그것을 수행할 때 지침으로 삼는 것입니다.

넷째 요소에 대한 설명은 다음과 같습니다. 승가에 귀의했으므로 우리는 깨달음의 길을 닦고 승가와 조화로운 것을 닦아야 합니다. 승가에 대한 귀의가 뜻하는 것은 우리가 승가를 이 길의 수행에서 친구들로 간주해야 한다는 것입니다. 그래서 여기서 합일 수행이 뜻하는 것은 이 길을 수행할 때 승가를 자신의 모델로 삼는다는 것입니다.

둘째 세트의 넷은 다음과 같습니다: 감각적인 것에 마음 빼앗기지 않기, 청정하게 수행을 체택하기, 중생들에게 자비를 보여주고, 언제나 삼보를 기쁘게 하기.

이들 중에서 첫째가 의미하는 것은 우리는 끊임없이 마음이 외적인 대상을 쫓아다니는 결점을 인식해서 그것을 다른 곳으로 돌려 그렇게 못하게 해야 한다는 것입니다.

둘째 요소는 우리가 수행을 시작할 때 붓다께서 처방해주신 계의 안정시켜주는 힘을 갖고 해야 한다는 것입니다.

셋째 요소는 불교 교리를 드러낸 것은 깨달으신 스승들께서 모든 중생들에게 갖는 자비 때문이라는 것입니다. 그러므로 이 교리의 수행자들은 모든 중생들을 자비로 바라보도록 노력하고 어떤 방법으로든지 그들을 해치지 말아야 합니다.

넷째 요소의 충고는 우리가 날마다 삼보에 공양을 올려야 한다는 것입니다.

## (2) 구두 전통의 충고

여기에는 두 종류가 있습니다: 개별적인 충고와 일반적인 충고.

개별적인 충고에도 두 종류가 있습니다: 닦아야 할 것에 대한 것과 버려야 할 것에 대한 것.

닦아야 할 것에 대한 충고는 *대열반경*(Maha-parinirvana-sutra)에 설해진 것과 일치합니다. 여기에는 삼보의 각각에 대해 하나씩 세 가지 충고가 있습니다.

첫째 것은 일단 우리가 부처님들에게 귀의하면 더 이상 세속적인 영들을 숭배하지 말아야 한다는 것입니다. 만일 이것이 비쉬누(Vishnu) 등과 같은 강력한 세속적인 천신들에 대해 적용된다면, 세속의 자연 영들과 유령들에 대해서 무슨 말을 할 수 있겠습니까!

여기서 주목해야 하는 것은 비록 궁극적인 목적을 위해 속신에 의존하고 그렇게 함으로써 자신의 부처님에 대한 귀의가 약해지지만, 자신의 수행과 다르마의 깨달음에 도움이 되는 조건을 조성하는 것과 같은 관습적인 것을 위해 속신들을 달래는 것은 받아들여질 수 있다는 것입니다.

둘째, 다르마에 귀의한 분들이 마음을 닦아서 준수해야 하는 것은 언제나 다른 중생들을 자비로 바라보는 것입니다. 이 결과 하지 못하게 되는 것은 그들을 묶거나 때리고, 작은 우리에 가두고, 코를 뚫어 고리를 달고, 지나치게 무거운 짐을 강제로 나르게 하는 등의 일은 하지 않게 됩니다.

셋째, 우리는 극단적인 견해를 가진 분들과 너무 많은 시간을 보내지 말아야 한다고 합니다. 바꿔 말해, 승가에 귀의한 사람은 삼보와 깨달음의 길의 수행에 대해 항상 부정적인 에너지를 일으키는 극단적인 사람들로부터 나쁜 영향을 받게 하지 말아야 합니다.

피해야 할 것에 대한 충고에도 세 가지가 있습니다. 삼보 각각에 대해 하나씩. 이들 중에서 첫째는 부처님들에게 귀의한 사람은 불상과 불화 등과 같은 깨달으신 분들을 물질적으로 나타낸 것들을, 그들의 예술적인 장점에 상관없이 경시하지 말아야 합니다. 그들을 비판하고, 담보물로 사용하는 것 등으로 그들을 불경하게 다루지 말아야 합니다. 대신, 그들이 실제 붓다 자신인 것처럼, 존경으로 바라보아야 합니다. *친우서*에 나와 있습니다,

> 불상의 질에 상관없이
> 우리는 그것을 믿음의 대상으로 간주해야 합니다,
> 비록 그것이 가장 단순한 나무로 만들어져 있더라도.

그러므로 우리는 불상을 경시하여 이런 부정적인 말을 하지 말아야 합니다. "이 불상은 이렇거나 저렇다." 혹은 "이 불상은 너무 크고 너무 많은 비싼 물질로 만들었다. 이것은 만들지 말았어야 한다."

삼보에 대한 악업을 초월하는 업의 중요성은 다음 일화가 설명해 줍니다. 어떤 사람이 언젠가 승가의 일부 구성원들을 몹시 조롱하여 이렇게 말했습니다. "코끼리 머리를 가진 당신, 다르마와 비다르마에 대해 당신이 뭘 아시오!" 이런 식으로 그는 여러 승가 구성원들을 모욕하며 말했습니다. 그들이 열여덟 가지 다른 동물의 머리 같이 생긴 머리를 갖고 있다고. 그 결과로 그는 열여덟 개의 머리를 가진 바다의 괴물로 다시 태어났는데, 그 머리는 모두 다른 동물 모양이었다고 합니다.

또한, 오래 전, 구류손불 열반 후에(이 분은 현겁의 첫째 부처님이셨고, 석가모니불은 넷째였습니다), 어떤 왕이 이 부처님의 유골을 안치하기 위해 큰 불탑 건설을 의뢰했습니다. 그 장인들 중 하나가 두 번이나 불평하며 말했습니다. "그렇게 큰 탑을 세우는 것은 불가능하다." 나중에, 그 탑의 건설이 완료되자 그는 생각이 바뀌어서 거기에 금으로 만든 종을 보시하겠다고 했습니다. 그 결과 그는 난쟁이로 다시 태어났는데, 못생기고 신장도 매우 작았으나, 목소리는 놀랍게 듣기 좋았다고 합니다.

여기 다르마에 대한 귀의와 관련된 충고에 의하면 우리는 부처님 가르침의 단 한 줄도 과소평가하지 말아야 합니다. 우리는 성스러운 경전을 담보나 사업의 대상으로 간주하지 말고 또한 경전을 맨 땅바닥에 놓지 말아아 합니다. 또한 우리는 경전을 베개로도 사용하지 말고, 그것을 구두 등과 같은 세속의 물건들이 들어있는 용기에 넣지 말아야 합니다. 경전은 실제 깨달음 방편의 구현으로 보아야 합니다.

셋째, 승가에 귀의한 분들을 위한 충고에 의하면, 우리는 승가에 대해서 모든 가치 없고 부정적인 태도를 버려야 합니다. 예를 들어, 이렇게 생각하지 말아야 합니다. "이 사람은 승복을 입을 자격이 없다." 혹은 "이 승려들이나 여승들은 나의 종파에 속하지 않는다, 그러니 그들을 존경할 필요가 없다." 등등.

모든 승가 구성원들은 마치 고도로 성취한 분들로 궁극적인 진실(공성)의 의미를 꿰뚫어 본 것처럼 간주하십시오.

삼보에 존경을 보여주는 업의 결과는 우리들 자신이 존경으로 대우 받게 된다는 것입니다. 월등삼매경(月燈三昧經, Samadhi-raja-sutra)은 설합니다.

　자기가 한 행동을 기반으로
　우리는 상응하는 결과를 받는다.

귀의에 관한 일반적인 충고는 여섯 가지 일반적인 지시사항들로 주어집니다.

(ⅰ) 처음부터 우리의 귀의는 삼보의 독특함과 탁월함에 대한 인식에 의해 영감을 받고, 귀의 대상에 대한 반복적인 사유에 의해 떠받쳐줘야 합니다. 이것의 기반은 불도와 외도 사이의 차이에 대한 정통한 인식이어야 하고, 삼보 하나하나를 서로 구분해주는 개별적인 특성과 특별한 성품을 이해해야 합니다.
(ⅱ) 우리는 삼보의 유익한 점들에 대해 사유하고 끊임없이 노력해

서 삼보에 공양을 올려야 합니다. 예를 들어, 음식을 먹을 때마다 첫 번째이자 가장 좋은 부분의 소량을 공양해야 합니다. 그리고 어떤 행복하거나 즐거운 일이 일어날 때마다, 그것을 삼보의 친절의 산물로 보고 신심을 공양 올려야 합니다. 이들 신심 공양은 두 가지 문제와 관련해서 얘기됩니다: 공양하는 행위와 그 공양 뒤에 있는 생각. 이들 중 첫째, 공양하는 행위는 열 가지 관점에서 얘기됩니다.

첫째, 부처님들의 나툼에 올리는 공양이 있습니다. 이것이 의미하는 것은 부처님들의 특정한 구현에 우리의 신심을 집중하는 행위입니다.

둘째, 불탑에 올리는 공양이 있습니다. 이것은 부처님들의 유물을 안치한 기념물에 우리들의 신심을 집중하는 것입니다.

셋째는 직접적인 공양입니다. 이것은 불상이나 불탑 앞에 실제로 올려놓는 공양입니다.

넷째는 간접적인 공양입니다. 여기에서는 실제의 불상이나 불탑은 없습니다. 우리는 이들 상을 관상한 다음 그들에게 공양을 보내는 것입니다. [관상 공양]

여기서 지적해야 할 것은 우리가 이들 공양을 실제의 불상이나 불탑에 올릴 때 공양의 대상 구실을 하는 그 이미지가 실제로 모든 그런 이미지의 성격과 동일하다는 것을 알고 그렇게 해야 한다는 것입니다. 다시 말해서, 우리는 하나의 불상이나 불탑에 공양을 올리지만, 그 공양이 삼세의 모든 부처님들과 시방의 모든 불탑으로 나아간다고 우리는 상상합니다. 이것은 유례없는 공덕의 파동을 일으킵니다.

다섯째는 공양 의례를 자기 자신이 행하는 것입니다. 이것이 뜻하는 것은 우리가 무관심이나 나태, 무의식에서 공양하거나 자기 대신에 남들에게 공양하게 하지 않는다는 것입니다. 그게 아니라, 우리가 공양물을 제단 위에 우리 자신의 두 손으로 직접 올려놓습니다.

여섯째는 자기 대신에 다른 사람이 공양하게 하는 것입니다. 여기서 동기는 자비이고, 어떤 사람이 가난하고 고통 받는 것을 보고 이렇게 생각합니다. "만일 내가 이 사람을 도와서 그의 공덕을 증장하는 수단으로 삼보에 공양을 올리게 하면 그가 행복해질 것이다." 그러나 이렇게 할 때 자기 자신도 자기 자신의 손으로 직접 그 과정에 참가해야 합니다. 그러면 그 공덕은 특별히 수승하게 됩니다.

일곱째는 물건 공양입니다. 여기에 포함되는 것은 꽃과 향, 버터 등불, 향수, 음식물, 옷감, 장신구 등입니다.

여덟째는 방대한 공양입니다. 이것이 가리키는 것은 공양하는 과정의 기간, 공양물(실재하는 것이든 상상한 것이든)의 질과 양, 공양을 올리는 사람의 마음의 태도의 힘 등입니다. 공양을 올린 공덕의 뿌리는 위없는 깨달음에 회향해야 합니다.

아홉째는 미혹(번뇌)에서 벗어난 공양입니다. 이것이 뜻하는 것은 무관심, 나태, 실념 등과 같은 미혹의 영향 밑에 떨어지지 않고, 자기 자신의 손으로 공양을 올리고, 남들도 그렇게 하도록 고무해주며, 강렬한 믿음을 갖고 공양을 올리고, 마음이 도움이 안 되는 방향으로 방황하게 내버려두지 말고 공양을 올리며, 미혹에 떨어지지 말고 공양을 올리고, 대가로 어떤 물질을 받으리라고 바라지 말고 공양을 올리며, 적절한 것만 공양하는 것입니다.

그러면 어떤 것이 부적절한 것일까요? 여기에 포함되는 것은 귀신을 쫓아내기와 악령 등을 제거하기 위해 사용되는 종류의 향, (유독한) 꽃 백화채(Gynandropsis pentaphylla), 그리고 독이 있거나 해롭거나 불쾌한 것들입니다.

실물공양에 대해서, 자기가 직접 이들을 준비할 수 없거나 그것들을 남들로부터 구할 수도 없을 때는 삼세의 모든 부처님들께서 올리신 이런 성격의 공양에 대해서 기뻐하는 것만으로 충분합니다.

또한 우리가 공양 (혹은 관상 공양)을 할 수 있는 것은 주인이 없는 것들, 예를 들어, 야생화와 열매, 나무들의 숲, 청정한 물, 지하와 바다 속 등에 묻혀있는 보석들입니다.

열 번째는 수행의 공양입니다. 여기에 포함되는 것은 사무량심과 사법인에 대한 명상, 삼보와 바라밀에 대한 억념에 머물기, 공성에 대한 명상, 깨달음의 37 날개에 대한 명상, 바라밀 수행, 피수련생들에게 이익을 주는 네 가지 방법(사섭법)에 대한 명심 등입니다.

공양 올릴 때의 생각에 대한 설명은 다음과 같습니다. 우리가 위에서 언급한 열 가지 지침에 따라 삼보에 공양을 올릴 때 우리는 생각해야 합니다. "무량한 공덕이 작은 공양만 해도 생긴다." 이런 생각을 일으키는 조건은 비길 데 없는 탁월의 터전, 비길 데 없는 이익의 터전인 삼보의 존재입니다.

또한 공양의 중심, 부처님들이 계십니다. 이 분들은 모든 중생들 가운데 최상으로, 우담바라 꽃처럼 희귀하게 이 세상에 나타나는 보석이며, 비길 데 없습니다. 왜냐하면 부처님만이 한 시기에 삼천대천세계에 출현하셔서 전체의 스승 역할을 할 힘을 가지신 분이기 때문입니다. 부처님은 이 세상과 그 너머(기세간과 출세간)에서의 모든 좋은 것의 지원자이십니다.

우리들의 일상적인 활동에서 귀의를 염두에 두는 것이 중요합니다. 예를 들어, 먹고 마시는 것은 우리가 날마다 즐기는 활동입니다. 따라서 식사 때마다 적은 양의 음식물을 삼보에 공양하는 것은 우리들의 공덕의 업의 창고를 증장하는 쉽고 간단한 방법입니다. 그러므로 뭐든지 당신이 즐기는 것의 소량을 삼보에 보내서 공양 올리십시오.

(iii) 셋째로, 우리는 대자비에 대한 명상적인 기억 속에 머물고, 남들이 귀의하도록 격려해야 합니다.

(iv) 자신의 모든 일에서 그리고 모든 필요한 것을 위해 우리는 삼보 귀의처로 향하고, 거기에 공양을 올리며, 기도해야 합니다. 뜻이 확실히 이뤄질 것입니다. 만일 이렇게 하는 대신에 우리가 어려운 때에 속신들에게로 향하면, 뜻이 그렇게 쉽게 이루어지지 않을 것입니다.

(v) 다섯째, 우리는 귀의를 유지하는 유익한 효과를 인식하고 있어야 하며, 이런 인식 안에서 삼귀의문을 날마다 낮에 세 번, 밤에 세 번 암송해야 합니다. 따라서 귀의의 유익한 효과를 아는 것이

중요합니다. 이것은 두 가지 방식으로 설명됩니다: *요약*에 설명된 방식과 구두 전통에 제시된 방식.

*요약*은 귀의의 이익에 대해 네 가지 두 세트를 제시합니다. 첫 세트의 네 가지 유익한 효과는 우리가 방대한 공덕의 축적을 얻고, 기쁨과 최상의 행복을 얻으며, 비범한 수준의 명상을 성취하고, 비범한 지혜를 성취한다는 것입니다. *불멸의 북소리 다라니*(The Dharani of the Immortal Drumbeat)는 설합니다,

> 성취한 부처님들도 불가사의하고,
> 성스러운 다르마도 불가사의하며,
> 성인(聖人)들의 승가도 불가사의하니,
> 이들이 주는 이익도 불가사의하네.

또한 *단축 반야경*(Paramita-samasa)도 설합니다,

> 만일 귀의하는 공덕이 물리적인 형태를 취한다면
> 삼천대천세계도 너무 작은 그릇이 되리니,
> 어떻게 방대한 바다의 물을
> 작은 손으로 퍼서 측정할 수 있으랴?

*출요경*(Udanavarga)에도 설해져 있습니다,

> 어떤 사람이 날마다 낮과 밤에 세 번씩
> 부처님들을 마음에 두는 수행을 하고
> 부처님들에게 귀의하면,
> 그는 사람으로 다시 태어나리라.

같은 얘기가 다르마와 승가에 대한 귀의에 대해서도 적용될 수 있

습니다. 이들 많은 이익에 대해 사유함으로써, 우리는 기쁨과 최상의 행복을 경험합니다.

셋째와 넷째 요인에 대해서는 다음과 같이 설명됩니다. 마음을 안정시키고 우리는 안내와 영감을 얻기 위해 삼보에게로 향합니다. 이 안정을 기반으로 우리는 계(戒)에 대한 수행을 성취하고, 그 결과로 그 기반 위에서 우리는 나아가서 정(定)에 대한 수행을 성취합니다. 계와 정의 뒷받침으로 우리는 쉽게 혜(慧)에 대한 수행을 성취합니다. 그러면 뒤따라 지혜의 성취로 우리는 해탈을 성취합니다.

귀의로부터 일어나는 둘째 세트의 네 가지 이익은, 우리가 큰 보호를 받고, 원하지 않는 고통을 발생시키는 전에 일어난 마음의 장애가 정화되며, 성인(聖人)들과 자리를 함께 하고, 우리가 모든 깨달으신 분들과 성인들을 기쁘게 해드린다는 것입니다.

구두 전통에 언급된 귀의의 이익에는 여덟 가지가 있습니다. 첫째, 우리는 불교 공동체의 한 구성원이 됩니다. 불지는 정의에 의하면 부처님들은 스승님들로, 다르마는 해탈과 깨달음의 실제의 근원으로, 승가는 그 길에서 도와주는 친구들로 간주합니다. 역으로 만일 우리가 귀의에 대해 확고한 의식을 일으키지 않았다면 우리는 불자가 아닙니다. 우리가 어떤 다른 수행을 하든지 상관없이.

둘째, 우리는 다양한 수준의 계를 받을 적절한 그릇이 됩니다. 귀의와 출리심에 기반을 둔 안정된 마음으로 우리는 개인적인 해탈을 위한 일곱 종류의 계 가운데서 어느 것이든 받을 수 있습니다. 셋째, 전에 쌓은 악업과 장애가 정화됩니다. 이 점을 설명해주는 인기 있는 일화가 경전에 나옵니다. 언젠가 어떤 천자마가 미리 보니 다음 생에 그는 돼지로 환생하기로 되어있었습니다. 너무도 두려워서 그는 삼보에 귀의해서 안내와 영감을 받았습니다. 그 결과 그는 이 상서롭지 않은 환생을 피하게 되었습니다. 그의 귀의의 힘이 낮은 환생의 원인으로 작용했을 악업의 씨와 마음의 장애를 정화해준 것이었습니다. 이 힘을 극복함으로써 그는 불행한 운명을 피하게 되었습니다. 이에 대해 어떤 경전은 설합니다,

> 부처님들에게 귀의하는 사람들은
> 악도에서 다시 태어나지 않는다.
> 그들이 이 인간의 몸을 남겨놓고 떠나면
> 그들은 더 높은 세계(선도善道)에서 환생한다.

이것은 다르마와 승가에 대한 귀의에도 동일하게 적용됩니다.

넷째, 방대한 양의 공덕을 얻을 것입니다. *불멸의 북소리 다라니*의 말을 다시 인용합니다,

> 성취한 부처님들도 불가사의하고,
> 성스러운 다르마도 불가사의하며,
> 성인(聖人)들의 승가도 불가사의하니,
> 이들이 주는 이익도 불가사의하네.

다섯째, 우리는 심익도 어느 곳에서도 환생하지 않을 것입니다. 이 점에 관해 앞에서 인용한 경전 구절이 여기에서도 동일하게 적용됩니다:

> 부처님들에게 귀의하는 사람들은
> 악도에서 다시 태어나지 않는다.

그들이 이 인간의 몸을 남겨놓고 떠나면
그들은 더 높은 세계(선도善道)에서 환생한다.

여섯째, 사악한 인간들과 비인간들은 더 이상 우리들을 해치지 않을 것입니다. 어떤 경전에 설해져 있습니다,

많은 사람들은 두려움에 놀라
산과 밀림, 암자와 사당과 나무로
달려가 안전과 피난처를 찾아보네.

허나 이들은 진정한 피난처가 아니니
진정한 보호를 제공해주지 않네.
결국 거기에 의지하는 사람들은
고통으로부터 벗어나지 못하네.

그러니 만일 어떤 사람이
부처님들과 다르마, 승가에 귀의하고,
지혜의 눈으로 사성제와 팔성도의
성격을 보면 -

고통의 진실과 고통의 근원,
모든 수준의 고통의 소멸과
팔성도의 기쁜 진실을 -
그는 열반 자체를 성취하네.

이것이 진정한 귀의이고,
이것이 최상의 보호를 제공해주며
거기에 의지하는 사람들은
모든 고통으로부터 벗어나게 되네.

일곱째, 귀의를 통해서 우리들의 모든 서원은 성취됩니다. 우리가 수행에 종사할 때마다 우리는 먼저 귀의에 대해 명상하고 삼보에 경의를 표합니다. 그러고는 그 수행이 성공하도록 기도를 올립니다. 그러면 당신의 소원은 바라는 대로 성취될 것입니다.

여덟째, 결국 우리는 완전한 깨달음을 성취할 것입니다. 이것은 어떤 경전에 설해져 있습니다. "믿음을 갖고 있으면, 개인적인 한계는 신속하게 사라진다..." 등등. 바꿔 말해, 삼보에 의지하는 효과에 대한 믿음을 통해 우리는 귀의하고 인간으로 환생을 얻습니다. 인간이라는 삶의 형태는 수행의 길에서 발전하는 데 특별히 도움이 되고 이것을 지혜롭게 이용함으로써 우리는 완전한 붓다의 수승한 경지를 성취할 수 있습니다.

우리는 삼보의 이들 많은 이익에 대한 인식을 기르고, 날마다 낮과 밤에 세 번 귀의문을 암송해야 합니다.

(vi) 여섯째 충고에 의하면 우리는 절대로 우리의 귀의를 버리지 말아야 합니다. 농담으로도 하지 말고 자신의 생명이 위험에 처하더라도 그렇게 하지 말아야 합니다. 결국 우리는 헤어지게 됩니다, 이생과 이 몸, 자신의 모든 소유물들과. 그러나 만일 우리가 수행적인 가치에 대한 약속을 버리면 그것의 부정적인 영향은 여러 미래 생으로 전해지고, 큰 고통이 따릅니다. 그러므로 결코 당신의 귀의를 버리지 마십시오, 어떤 대가를 치르더라도.

악도의 고통에 대해서 건전한 두려움을 불러일으키는 목적은 고통은 피하고 행복은 성취하려는, 우리 모두가 갖고 있는 타고난 본능을 더 현실적으로 바라보는 것입니다. 몸과 말, 마음의 악업으로부터 업의 씨앗이 생산되고, 이것은 결국 익어서 우리들에게 고통을 주고, 선업의 씨는 행복과 기쁨을 줍니다. 우리는 이 앎을 확고하게 만드는 방법에 대해 명상해야 합니다. *입보리행론*이 설합니다,

> 고통은 악업으로부터 태어나네.
> "그러나 어떻게 내가 거기로부터 확실히 벗어날 수 있는가?"
> 낮이나 밤이나 언제나 나는
> 이 물음에 대해서만 생각해야 하네.

그리고 (같은 책) 다른 곳에서도 (설합니다),

> 붓다 자신께서 수행에 대한 믿음을
> 모든 선한 방편의 뿌리라 부르셨네.
> 이 뿌리가 튼튼하게 자라게 만들기 위해
> 고통의 진화하는 성격에 대해 명상하라.

어떤 수단에 의해 수행에 대한 믿음이 일어납니까? 그것이 태어나는 것은 깨달음의 전승인 부처님의 가르침에 의지해서입니다. 완전히 성취한 부처님들께서는 원인과 결과의 업의 법칙의 가장 파악하기 어려운 작용도 직접 파악하십니다. 그들이 악도의 고통에 대해 설하시는 것은 모든 중생들에 대한 그들의 대자비 때문이며, 부처님께서는 진실을 왜곡하시지 않습니다.

우리가 먼저 주목해야 하는 것은 어떻게 고통이 악업으로부터 나오고 행복이 선업으로부터 나오느냐는 것입니다. 그런 다음에 우리는 악을 버리고 선업을 길러야 합니다.

## 3. 마음에서 악업을 정화하기

의심할 여지없이 우리는 우리들 자신 안에 과거로부터 많은 양의 악업의 씨앗을 지니고 있습니다. 그리고 지금도 우리는 때때로 생각하지 않는 마력에 빠지고, 그 결과 악업을 저지릅니다. 우리는 우리들 자신에게서 이들 악업의 씨를 정화해야 하는 데, 그 수단은 네 가지 대치법을 사용하는 것입니다. *네 다르마를 드러내는 경전* (Caturdharmaka-sutra)에 설해져 있듯이,

> **부처님들과 보살님들은 네 대치법을 습득하셨네. 이들 넷은**
> **(그들이 깨달음 전까지) 쌓은 악업의 씨보다 더 빛났네.**
> **무엇이 이들 넷인가? 그건 뉘우침의 힘과 대치법의 이용,**
> **악한 생활방식으로부터 돌아서려는 결의와 의지의 힘이네.**

이렇게 네 가지 대치법은 밝혀져 있습니다: (A) 뉘우침의 힘, (B) 대치법의 이용, (C) 악한 생활방식을 버리려는 결의, 그리고 (D) 의지의 힘

### A) 뉘우침의 힘

뉘우침의 힘을 이용하여 마음을 정화한다는 것은, 우리가 여기서 사유하는 목적이 - 악업의 결과는 바람직하지 않다는 것, 업의 결과는 익는다는 것, 업의 결과는 원인의 성격과 일치한다는 것, 그리고 이 과정의 전반적인 작용을 이해하는 것입니다.

### B) 대치법의 이용

마음에서 악업의 씨를 정화하기 위해 이용하는 여섯 가지 대치법이 있습니다.

(ⅰ) 첫 번째 것은 *대승장엄경*(The Ornament of Mahayana Sutras)에 언급되어있습니다: "반야경과 같은 심오한 경전을 수지하거나 독송하는 것."

(ⅱ) 다음은 공성 등에 대한 명상입니다. 공성에 대한 명상과 같은 명상은 악업의 씨가 우리들에게 주는 영향에 대한 직접적인 대치법입니다. 공성을 마음에 두고 명상하는 것은 모든 악업의 뿌리인 에고-집착의 유형의 초월로 인도합니다.

(ⅲ) 세 번째 정화 수행은 만뜨라 등을 암송하는 것입니다. 이것이 가리키는 것은 마음의 정화와 관련된 바즈라싸뜨와(Vajrasattva) 백자진언과 같은 특별한 딴뜨라의 만뜨라와 다라니입니다. 이것을 이용할 때는 일반적으로 이 전통에서 가르치는 명상의 단계와 의례에 따라야 합니다. *수바후청문경*에 설해져 있습니다,

> 늦은 여름 숲에서 일어나는 불이
> 빠르고 쉽게 방대한 지역을 태우듯이,
> 만뜨라와 다라니의 불이 지기 억제이 바람 받으면
> 방대한 숲의 악업의 씨 맹렬하게 태운다네.

우리가 만뜨라와 다라니 암송을 계속해야 하는 것은 정화의 증표가 자신의 꿈에 나타날 때까지입니다.

(ⅳ) 네 번째 대치법 수행은 깨달음의 이미지들을 만드는 것입니다. 이것이 뜻하는 것은 깨달으신 분들에 대한 인식을 갖고, 부처님들이나 보살님들의 상이나 깨달음 기념물(불탑)을 조성하거나 조성을 의뢰하는 것입니다.

(ⅴ) 다섯 번째 수행은 부처님들이나 불상에 공양을 올려서 마음에서 악업의 습기를 정화하는 것입니다.

(vi) 여섯 번째는 이름에 의존하는 것입니다. 이것이 뜻하는 것은 부처님들과 보살님들 등의 이름을 낭송하거나 기억하는 것입니다.

### C) 결의

세 번째 대치법은 앞으로는 부정적인 생활방식을 버리겠다는 결의를 하려는 생각을 일으키는 것입니다. 이 결의가 없으면, 정화 수행은 말놀이일 뿐입니다.

### D) 의지의 힘

네 번째 대치법은 의지의 힘입니다. 여기서 우리가 의지하는 것은 삼보에 귀의하고 가장 높은 깨달음에 대한 이타적인 서원인 보리심에 대해 명상하는 것입니다.

이들 네 가지 대치법이 마음에서 악업의 씨를 정화하는 기능에서 얼마나 효과가 있을까요"? 이것을 결정하는 것은 여러 요인들입니다: 이 수행을 할 때 큰 힘을 갖고 하는지 아니면 작은 힘을 갖고 하는지, 네 가지 대치법이 모두 존재하는지 않는지, 이 수행의 뒤에 놓인 생각(동기)이 강한지 약한지, 대치법을 이용하는 시간의 길이 등.

네 가지 대치법의 수행의 효과는 여러 가지로 나타납니다. 어떤 때는 큰 고통을 가져올 힘을 가진 입의 씨가 감소되어 작은 고통만 가져오는 힘을 갖게 됩니다. 혹은 우리가 악도에 환생할 수 있으나, 우리는 그런 환생에 일반적으로 따르는 고통을 겪지 않을 것입니다. 또한, 악도 환생을 가져올 수 있었던 업의 씨가 지금 이생에서 익어 두통을 가져올 뿐입니다. 혹은 오랜 기간 동안 견뎌야 했을 악도환생의 기간이 짧아집니다.

네 가지 대치법을 통안 정화수행의 필요성이 어느 경전에 설해져 있습니다.

> 중생들 안에 있는 업의 씨는
> 소멸되지 않는다, 백겁(劫)이 지나도.

이 경전 구절을 인용하는 것은 모순되는 것처럼 보일 수 있습니다. 왜냐하면 업의 씨는 절대로 사라지지 않는다는 얘기를 하면서, 반면에 동시에 업의 씨를 무력하게 만든다고 하니까요. 그러나 모순되지 않습니다. 일반적으로 업의 씨의 힘은 없애버리기 전까지 남아있으나, 이것이 가리키는 것은, 위의 인용에서처럼, 네 가지 대치법에 의해 정화되지 않은 것들뿐입니다.

또한 때로는 경전에서 이렇게 설해진 것이 있습니다, "결국 우리는 우리들의 업의 성숙 결과를 직면하는 수밖에 없다…" 여기서 주목해야 할 중요한 것은 이것이 가리키는 업의 씨는 앞을 못 보는 것과 같은 이생에 바람직하지 않은 결과로 우리들에게 익은 것입니다. 네 가지 대치법이 없애버리는 것은 이미 나타난 것이 아니라, 잠재하는 업의 씨의 결과입니다.

얼마나 오래 우리가 원인과 결과의 업의 법칙에 대해 명상해야 할까요? 현재 우리는 세속적인 활동을 가장 중요하게 생각하고, 수행적인 노력은 이차적인 것으로 여깁니다. 우리는 업에 대해 명상해야 합니다. 이것이 뒤집어져서, 우리가 가장 중시하는 것이 수행의 발전이고 세속적인 일은 이차적인 관심거리가 될 때까지 말입니다.

## D. 윤회하는 삶의 불만족스러운 성격에 대한 사유

악도 환생의 원인인 악업을 초월하고 선도 환생의 원인인 선업을 기르는 것으로 충분합니까? 아닙니다. 이것은 충분한 성취가 아닙니다. 윤회하는 삶 전체가 바로 그 성격상 고통입니다. 그러므로 우리는 노력해서 모든 윤회의 고통을 초월한 해탈을 성취해야 합니다.

어째서 윤회의 세계 전체가 성격상 고통이라고 하는지에 대해서, 앞에서 언급한 악도와 관련해서 우리는 이것이 진실이라는 것을 알 수 있습니다. 그러나 이것은 선도에 대해서도 마찬가지로 진실입니다. 선도의 고통에 대한 사유는 세 가지 제목 하에 논의됩니다:
(1) 인간계의 고통, (2) 수라계의 고통, 그리고 (3) 천상계의 고통.

### 1. 인간계의 고통에 대한 사유

삼악도에 존재하는 모든 고통은 또한 인간계에도 존재합니다. 우리가 겪는 고통은 생로병사의 고통과 불쾌하고 나쁜 사람을 만나는 고통, 우리가 사랑하는 분들과 헤어지는 고통, 굶주림과 목마름, 더위와 추위 등의 고통입니다. 법구경에 설해져 있습니다.

> 악도에 존재하는 모든 고통은
> 이곳 인간의 세계에도 존재하는 것 같네.

일반적으로, 부유한 사람들은 주로 불안과 스트레스 같은 마음의 고통을 겪습니다. 덜 부유한 사람들에게, 고통은 주로 육체적인 어려움으로 나타납니다. 양쪽 다 날마다 이들 둘 가운데 한 가지 방식으로 고통을 받습니다. *사백송*(Catuhshataka-shastra)은 설합니다.

> 부유한 사람들은 마음의 고통을 겪고
> 일반 사람들은 몸으로 고통을 겪네.
> 이 세상 중생들은 날마다 얻어맞네,
> 이들 두 무서운 고통으로.

## 2. 수라계의 고통에 대한 사유

수라계의 불만족스러운 성격은 (나가르주나의) *친우서*에 설해져 있습니다.

> 성격상 아수라들은 천신들의 영광을 강렬하게
> 질투하니 그 결과는 고통이네.
> 이해력이 있긴 하지만, 자기들 세계의 한계 때문에
> 그들은 더 높은 수준의 진실을 분간하지 못하네.

아수라 또는 반신들은 자기들 자신의 딸에 대해서조차 인색합니다. 천상계의 더 높은 영광을 맹렬하게 질투하여 그들은 끊임없이 전쟁을 하는 것 같습니다. 그 결과 그들은 사지와 몸에 난 상처로 고통 받습니다. 더욱이, 천상계는 수행적인 통찰력을 기를 기회를 제공해주지 않습니다.

## 3. 천상계의 고통

천신들이 겪는 고통에는 두 종류가 있습니다: 감각적인 천상에서 겪는 것과 더 높은 천상에서 겪는 것. 이 중에서 첫째에 관해 *친우서*가 설합니다,

> 천신들의 즐거움은 진실로 강렬하네,
> 허나 더 강렬한 것은 죽을 때 그들의 고통이네.

여기서 말하듯이, 감각적인 천상의 신들은 큰 즐거움을 갖고 있지만, 죽음이 다가올 때 이들이 겪는 다섯 가지 고통은 더욱더 큽니다. 이 다섯이 무엇일까요? 그들은 자기들의 피부의 아름다움이 퇴색하고, 그들의 영광의 화환이 시드는 것을 지켜보아야 하며, 편안하게 앉아있을 수 없습니다. 그들의 한때 흠 없던 옷에 얼룩이 생기고, 한때 흠 없던 몸이 땀을 흘리기 시작하고, 기타 방법으로 더러워집니다.

더 높은 천신들 혹은 색계나 무색계에 천신으로 태어나는 자들도 고통을 벗어나지 못합니다. 비록 그들이 거친 부정적인 것을 초월해서 고통에 대한 실제 감각은 겪지 않지만, 그럼에도 불구하고 섬세한 수준의 정신적인 왜곡과 미혹이 여전히 그들의 마음의 흐름에 존재합니다. 더욱이, 그들은 영원히 천상계에 남아있을 힘을 갖고 있지 않습니다. 조만간 그들은 죽어야 하고, 그러면 환생해야 합니다, 아마 삼악도 중의 하나에서. 하늘로 쏜 화살이 추진력이 소모되면 다시 땅으로 떨어지듯이, 그들을 천상계로 던져준 업력이 소진되면 그들은 다시 더 낮은 존재의 영역으로 떨어집니다. 그러면 그들은 깨닫지 못한 윤회세계에 수반되는 온갖 고통을 겪습니다.

따라서 우리가 삼계의 어느 곳에 태어나든지 상관없이, 그것은 또 하나의 고통의 장소일 뿐입니다. 우리의 동반자가 누구이든지 관계없이 언제나 우리들을 동반하는 것은 고통입니다. 그리고 우리가 어떤 소유물을 모으거나 어떤 즐거움에 탐닉하더라도, 우리는 불만을 벗어나지 못합니다. 윤회세계에서는 모든 것이 성격상 고통이므로 우리는 노력해서 모든 왜곡의 상태와 고통 받는 성향을 초월한 해탈의 상태에 도달해야 합니다.

윤회의 모든 불완전함과 고통을 초월하기 위해 우리는 이 고통의 원인을 인식하는 것으로 시작해야 합니다. 그런데 무엇이 이 원인일까요?

여기에는 두 가지가 있습니다. 오염된 업력과 마음의 미혹. 후자는 이들 둘 가운데 주가 됩니다. 왜냐하면 미혹이 없으면 업력은 무력해지고, 미혹이 있으면 우리는 계속해서 미래의 윤회환생의 씨로 작용하는 업의 습기를 축적합니다.

그렇다면, 어떻게 우리가 미혹의 힘을 제거할까요? 이것을 성취하는 수단은 세 가지 더 높은 수행인 계, 정, 혜 삼학의 수행을 시작하는 것입니다.

# 실제 수행(본행) – 두 보리심 기르기

    Ⅰ. 관습적인 보리심 개발하기
        A. 보리심을 일으키는 원인들
        B. 실제 수행 단계들

    Ⅱ. 궁극적인 보리심 개발하기

앞에서 얘기했듯이, 삼학(三學: 계, 정, 혜)의 수행을 통해서 우리는 개인적인 해탈은 성취할 수 있습니다. 그러나 이것이 충분한 성취일까요?

대답은 단연코 '노'(no)입니다. 개인적인 해탈로 윤회세계의 즐거움에 대한 집착은 초월했더라도, 아직 초월해야 할 것과 성취해야 할 것들이 더 많이 남아있기 때문에, 아직 자기 자신의 목적이나 세상에 대한 자신의 책임을 궁극적으로 달성한 것은 아닙니다.

그러므로 결국 우리는 대승, 위대한 길 수행에 들어가야 합니다. 그래서 지혜로운 분들은 처음부터 이 길에 들어갑니다. 더욱이, 대승으로 들어가는 유일한 문은 보리심을 기르는 것인데, 보리심은 모든 중생들의 이익을 위해 깨달음을 성취하려는 염원입니다. 그래서 지혜로운 분들은 수행을 시작할 때 비범한 태도인 보리심을 기릅니다.

어째서 보리심이 대승으로 들어가는 유일한 문이라고 불리는 걸까요? 그 이유는, 비록 우리가 아직 선정이나 공성의 지혜 같은 것들을 깨닫지 못했더라도, 우리의 마음속에 보리심이 존재하는 것만으로도 우리를 대승의 길 위에 올려주기 때문입니다. 역으로, 우리가 선정과 공성의 지혜 같은 것들을 얻었더라도, 만일 보리심의 힘이 우리의 마음의 흐름에서 약해지면 우리는 대승의 길에서 떨어집니다.

수행자가 보리심에 머물면, 가장 작은 보시의 행위, 동물이나 벌레에게 먹을 것 한 조각을 주는 것 같은 것도 보살행이 됩니다. 역으로, 보리심이 없으면, 가장 심오한 수행조차 보살행이 되지 않습니다. 선정과 심오한 공성에 대한 사유, 자기 자신을 딴뜨라 본존으로 여기는 것, 섬세한 에너지와 채널을 다스리는 가장 강력한 딴뜨라 요가 같은 방법도 더 이상 대승의 수행이 되지 않습니다. 그래서 깨달음으로 가는 대승의 길을 성취하려는 분들은 보리심을 기르는 수행으로 시작합니다.

보리심 자체는 관습적인 것과 궁극적인 것, 두 가지 종류가 있습니다. 이들 중 전자가 가리키는 것은 자비에 바탕을 두고 모든 중생들에게 이익을 주기 위한 최상의 방편으로 완전한 깨달음을 성취하기를 염원하는 마음이고, 후자는 존재의 더 깊은 성품, 자아와 현상의 공성(아공我空과 법공法空)을 깨닫는 지혜입니다. 그래서 실제 수행에는 두 가지 면이 있습니다. (Ⅰ) 가장 높은 깨달음을 위한 이타적인 관습적 보리심을 기르는 것과 (Ⅱ) 공성의 지혜인 궁극적인 보리심을 기르는 것.

# I. 관습적인 보리심 기르기

관습적인 보리심 수행에는 네 가지 면이 있습니다. (A) 보리심을 일으키는 원인들, (B) 실제 수행 단계들, (C) (수행) 진전의 척도, 그리고 (D) 보살 이상(理想)을 따르기 위한 공식적인 서약 의례, 즉 보살 결의를 일으키기 위한 의례.

## A. 보리심을 일으키는 원인들

자신의 *대승집보살학론*(大乘集菩薩學論, Shiksha-samucchaya)에서, (인도의) 스승 샨띠데와가 설합니다. (1) 네 가지 조건, (2) 네 가지 원인, 그리고 (3) 보리심이 일으켜지는 네 가지 힘에 대해서.

**1. 네 가지 조건은 다음과 같습니다.**

(a) 부처님들과 보살님들의 놀라운 특징에 대한 얘기를 듣거나 보고, 그 결과 우리는 이렇게 생각하게 됩니다. "나도 세상의 이익을 위해 저 깨달음의 상태를 성취해야 한다."

(b) 아마 위에서 언급한 것과 같은 직접적인 경험은 못해도, 대승 경전을 읽거나 들어서 부처님들과 보살님들에 대한 놀라운 설명을 보고 영감을 얻어 깨달음에 대한 이타적인 염원을 일으킬 수 있습니다.

(c) 어떤 사람들에게는 이들 두 조건 중 어느 것도 일어나지 않으나, 그들은 세상의 정신적인 상태에 대한 걱정에 압도됩니다. 깨달

음의 방법들이 이 세상으로부터 사라진다는 생각을 견딜 수 없어서, 그들은 이 수행의 길의 보존에 도움을 주기 위해 이 가르침을 습득하고 깨달음을 성취하겠다고 결심합니다.

(d) 마지막으로, 어떤 사람들에게는 보리심이 보살 정신의 엄청난 아름다움과 희귀함에 대한 인식으로부터 청정하게 일어납니다. 이들은 생각합니다. "성문과 연각의 길이 희귀할 수 있으나, 드높은 보리심은 얼마나 더 희귀하랴!" 이런 인식 속에서 그들은 보살 이상(理想)을 성취하려는 강렬한 소망을 일으킵니다.

2. 네 가지 원인은 다음과 같습니다. (a) 전생으로부터 나오는 강한 업의 습기(이것이 자신의 마음의 흐름에 대승 성향을 불어넣어 줍니다). (b) 대승 스승의 안내, (c) 중생들에 대한 자비심, 그리고 (d) 대승의 길을 성취하려고 결심한 수행자를 괴롭히는 어려운 문제에 부딪혀도 지칠 줄 모르는 정신.

3. 네 가지 힘: (a) 개인적인 힘(자기 자신의 노력을 통해 보리심을 기릅니다), (b) 다른 사람들의 힘(선지식의 영감이 우리들로 하여금 보리심을 일으키게 만듭니다), (c) 원인의 힘(이것은 보리심의 원인으로 작용하는 전생으로부터 나오는 습기입니다), 그리고 (d) 닦은 힘(이것은 이생에 닦은 명상과 친숙의 힘입니다).

## B. 실제 수행 단계들

관습적인 보리심을 일으키기 위한 두 가지 주요 방법이 있습니다. (1) "원인과 결과의 일곱 가지 구두 전통"으로 알려져 있는 것과 (2) "자기-중시를 남들 중시와 교환하는 구두 전통 방법"으로 알려져 있는 것.

### 1. 일곱 단계 구두 전통 방법

이 방법에서 일곱 단계는 다음과 같습니다. 1) 모든 중생들이 한때 자신의 어머니였다는 것을 인식하는 것, 2) 그 어머니의 친절을 기억하는 것, 3) 이 친절에 보답하려는 생각을 일으키는 것, 4) 자심(慈心)을 일으키는 것(이것은 모든 중생들을 소중하게 보는 마음입니다), 5) 비심(悲心) 일으키는 것, 6) 전체적인 책임감이라는 비범한 마음을 일으키는 것, 그리고 7) 보리심 자체를 일으키는 것(이것은 깨달음을 얻으려는 이타적인 마음입니다). 바로 이 일곱째 단계를 기반으로 가장 높은 깨달음의 상태가 마침내 성취됩니다.

위의 일곱 단계 방법은 두 가지 전반적인 주제 아래 논의됩니다. (A) 이 수행 내내 일으켜야 할 수행의 특징과 (B) 수행의 실제 단계들.

#### A) 일으켜야 할 수행의 특징

이것은 두 가지 제목 아래 논의됩니다. (1) 어떻게 자비가 대승의 뿌리인가, 그리고 (2) 어떻게 일곱 요소가 원인과 결과로 작용하는가.

## (1) 어떻게 자비가 대승의 뿌리인가

대비(大悲)는 대승 수행의 초기 단계에서 근본입니다. 왜냐하면 전체적인 책임감이 거기에 달려있고, 전체적인 책임감 없이는 대승의 길에 들어갈 방법이 없기 때문입니다. 이것은 논리적으로 타당한 주장입니다. 왜냐하면 바로 대비의 힘을 통해 우리는 모든 중생들을 윤회의 고통으로부터 해방시키려고 결심하기 때문입니다. 비심(悲心)이 약할 때는, 이런 결심이 일어나지 않습니다.

*불멸지혜경*(Arya-aksayamati-nirdesha)은 설합니다. "보살의 대비심이 대승으로 들어가는 완전한 예비단계다." 또한 *성산경聖山經*(The Sutra of the Sacred Mountain)에도 이런 말이 있습니다. "모든 보살행의 출발점은 대비심을 기르는 것이다."

대비(大悲)는 대승 과정 내내 한 결 같이 중요합니다. 우리는 비심을 처음으로 경험할 수 있으나, 만일 우리가 반복해서 그것을 익히고 강화시켜나가지 않으면 우리는 중생들의 한없는 수와 그들의 겉으로 보이는 많은 불안전한 점들에 압도될 위험이 있습니다. 또한, 우리는 수행해야 할 것과 수행 과정에서 겪는 어려움들이 너무 많아 쉽게 지칠 수 있습니다. 그 결과 우리는 더 작은 수행의 길로 떨어질 수 있습니다.

역으로, 우리가 규칙적으로 대비에 대해 명상하면 우리는 개인적인 행복에 대한 관심은 잊고 이타적인 보살행에 부동의 안정을 얻게 됩니다. 이로 인해 모든 수행의 특징들이 마음의 흐름 속에 증대됩니다.

마지막으로, 대비는 대승을 완성하는 데 없어서는 안 됩니다. 대비 없는 깨달음이 가리키는 것은 성문 아라한과 연각의 자기만족적인 개인적 열반입니다. 바로 대비의 힘이 여기에 동력을 보태서 이 경험을 일체지의 붓다의 완전한 깨달음으로 전환시키고, 윤회의 세계가 빌 때까지 모든 중생들을 위해 일할 힘을 불어넣어줍니다.

우리가 어떤 특정한 식물을 기르기 원하면 우리는 처음에는 많은 열매를 맺는 특정한 씨앗을 구해야 합니다. 우리는 중간에는 새싹이 바른 양의 물과 햇빛, 비료 등을 받게 해야 합니다. 마지막으로, 끝에는 지속적인 성장이 있어야 그 식물은 꽃을 피우고 열매를 맺는 단계로 나아갈 수 있습니다.

마찬가지로, 대승의 수행 초기에는 대비가 씨앗입니다. 중간에는, 그것이 물이요, 햇빛이며 수분입니다. 그리고 끝에는 그것이 모든 깨달음 활동을 낳는 지속적인 힘입니다. (인도의 불교 스승 짠드라끼르띠 Chandrakirti가 자신의)가 논서 입중론(Madhyamaka-avatara)에서 썼습니다.

> 부처님들의 방대한 수확에서, 자비가 씨앗이고
> 또한 그것은 그 씨앗을 자라게 하는 물 등이며,
> 그 식물을 결실로 이끄는 지속적인 힘이네.
> 그래서 나는 먼저 대비에 예배하네.

**(2) 어떻게 일곱 요소가 원인과 결과로 작용하는가**

이것은 두 가지 제목 아래 논의됩니다. (a) 어떻게 첫 다섯 단계(모든 중생들을 자신의 어머니로 인식하는 것으로부터 그들 모두를 소중하게 보는 자심을 기르기까지)가 원인으로 작용하는가, 그리고 (b) 이떻게 전체적인 책임감과 보리심이 결과인가.

**(a) 어떻게 첫 다섯 요소가 원인으로 작용하는가**

모든 중생들이 겪기 쉬운 고통에 대해서 반복해서 명상함으로써 비심(悲心)은 쉽게 일어난다고 합니다. 그러나 이 비심이 안정적으로 직접적이고 강렬하려면, 우리가 먼저 모든 중생들을 소중하고 귀하게 보는 전체적인 자심을 확고하게 만들어야 합니다.

왜 그럴까요? 왜냐하면 지금 우리는 우리가 해롭게 여기는 어떤 사람이 곤경을 만나면 그의 불운을 기뻐하기 때문입니다. 더욱이, 우리는 우리가 모르는 사람이 곤경을 만나는 것을 보면 우리들의 유일한 반응은 무관심입니다. 오로지 친구와 친척들에게만 우리는 진정한 관심을 갖습니다. 우리는 모든 중생들을 소중하게 보는 마음이 없습니다.

이러한 공감하는 마음은, 지금은 우리들의 작은 테두리의 사랑하는 사람들에게 제한되어있으나, 확장해서 거기에 모든 중생들을 포함하고 편애하는 마음을 버려야 합니다. 바로 이것이 대비의 경험의 기반으로 작용하는 마음입니다.

우리가 모든 중생들과의 우리의 관계 속으로 가져오려는 것은 가까운 친구나 깊이 사랑하는 친척을 대하는 것과 같은 마음입니다. 바로 이런 이유로 우리는 모든 남들을 친구와 친척으로 보는 데 대해 명상하는 것입니다. 이것이 모든 다른 중생들을 아름답게 보는 자심을 일으키게 북돋아주기 때문입니다.

더욱이, 모든 친구들 중에서 가장 가까운 것은 어머니입니다. 왜냐하면 자식에 대한 어머니의 친절은 모든 다른 친절을 능가하기 때문입니다. 바로 이런 이유로 일곱 가지 방법에서 일곱 단계의 첫째가 모든 중생들을 한때 자신의 어머니였다고 상상하는 명상입니다.

모든 중생들이 자신의 어머니였다는 인식과 함께 그 어머니의 막대한 친절에 대한 인식으로부터, 그들의 친절에 보답하려는 염원이 일어납니다. 이로 인해 편파적이지 않은 자심이라는 아름다운 마음이 일어나는데, 이것은 남들의 고통을 견디지 못하는 대비의 초석 역할을 합니다.

**(b) 어떻게 마지막 두 요소가 결과로 작용하는가**

위의 다섯 요소(모든 중생들이 한때 자신의 어머니였다는 것을 인식하는 것, 그 어머니의 친절에 대한 인식을 일으키는 것, 그들의 친절에 보답하려는 생각을 일으키는 것, 그리고 자심과 비심을 일으키는 것)가 이 일곱 과정에서 마지막 두 요소의 기반으로 작용합니다. 이 두 요소는 전체적인 책임감이라는 비범한 마음과 남들에게 이익을 주기 위한 최상의 수단으로 가장 높은 깨달음을 성취하려는 마음인 보리심입니다.

어떤 스승들은 여섯째 요소, 전체적인 책임김이라는 비범한 마음에 대해서는 명상할 필요가 없다고 말합니다. 그들의 주장에 의하면 보리심은 대비로부터 직접 일어날 수 있습니다. 저는 그들과 의견이 다릅니다. 이 일곱 과정에서 여섯째 단계는 중요한 단계로, 대비이 힘을 자신의 전체적인 책임감과 연결해줍니다. 이것은 보리심의 경험을 일으키는 데 중요한 동력이고, 바로 이런 이유로 과거의 스승들은 이것을 권장했습니다. 따라서 우리는 이것을 중요하지 않은 것으로 다루어서는 안 됩니다.

전체적인 책임감이라는 비범한 마음에 대해서 어떻게 명상합니까? 일곱 단계의 첫째 두 단계에 대해 명상한 후에 우리는 이런 생각을 하고 그 생각에 머물러야 합니다. "제가 직접 남들의 행복을 유지하고, 그들을 고통으로부터 해방시키는 데에 이바지할 것입니다. 무시이래로 그들은 반복해서 저에게 어머니였고, 매번 저에게 생명을 선사하고 저를 해로부터 보호했습니다. 따라서 모든 중생들은 저에게 지극히 친절했습니다. 저는 개인적으로 그들에게 보답하는 책임을 저 자신이 떠맡아서 그들에게 오로지 자심과 비심만 보여주고 그들의 욕구를 모두 충족시켜 주어야 합니다."

그러면 이런 의문이 일어납니다. "어떻게 제가 세상의 욕구를 충족시킬 수 있을까요. 지금 저는 심지어 한 사람, 말하자면, 저 자신의 욕구조차 충족시키지 못하는데, 어째서 남들의 욕구를 충족시키라는 말을 합니까? 더욱이, 성문 아라한과 연각조차, 부분적으로 성취했을 뿐이어서, 세상의 욕구의 일부만 충족시킬 뿐입니다."

"그러니 누가 모든 중생들의 욕구의 모든 수준을 충족시켜줄 수 있을까요? 그렇게 할 수 있는 것은 붓다뿐입니다, 왜냐하면 그들은 완전히 깨달으신 분이고, 모든 개인적인 한계를 초월하셨으며 모든 탁월한 점을 성취하셨기 때문입니다. 한 줄기 빛이나, 하나의 경이로운 행위, 혹은 일체지를 이루신 분의 한 마디 가르침은 무수한 중생들을 성숙시켜 깨어나게 할 힘을 갖고 있습니다.

이 깨달음과 함께 이런 생각이 일어납니다. "나 자신이 완전한 붓다의 경지를 성취해야 한다." 바로 이 확고한 염원이 일곱째 단계, 관습적인 보리심입니다.

## B) 실제 수행 단계들

이 수행에는 세 가지 면이 있습니다. (1) 남들의 행복에 관심을 갖는 마음을 기르는 것, (2) 깨달음에 관심을 갖는 마음을 기르는 것, (3) 이 수행의 결실인 보리심의 경험을 체득하는 것.

### (1) 남들에게 관심을 갖는 마음 기르기

여기에는 두 가지 수행이 있습니다. (a) 이 독특한 마음을 일으킬 수 있는 기반을 준비하는 것과 (b) 실제로 그것을 일으키는 것.

(a) 기반 준비하기 —

여기에는 두 가지 수준의 수행이 있습니다: 모든 중생들에 대해 평등심을 개발하는 것과 남들을 소중하게 보는 마음을 개발하는 것.

● 모든 중생들에 대해 평등심 개발하기 ●

모든 중생들이 행복한 것을 보기 원하는 대자(大慈)와 그들이 모두 고통에서 벗어난 것을 보기 원하는 대비(大悲)라는 마음의 특징을 경험하기 위해서 필요한 것은 먼저 중생들에 대한 애착이나 증오로 반응하는 습관을 초월하는 것입니다. 바로 이것들이 편애라는 질병을 만들고 유지해주기 때문입니다. 그렇지 않으면 우리의 자심과 비심은 계속해서 편파적일 것입니다. 여기서 우리가 일으키기를 원하는 자심과 비심은 모든 중생들을 평등하게 포함해야 합니다. 그러므로 우리가 확립하기를 바라는 기반은 사무량심의 넷째인 완전한 평등심(사捨)의 기반입니다. 중생들 자신들의 관점에서 볼 때 모두가 평등합니다. 왜냐하면

각자 자기 자신을 가장 중요하게 여기기 때문입니다. 또한 우리들 자신의 관점에서도 모두가 평등합니다. 왜냐하면 모두가 어떤 전생에 우리들의 어머니였기 때문입니다. 여기서 우리는 후자의 면에 대해 명상합니다. 어떤 방법으로 할까요? 모든 중생들을 친구와 적, 가까운 분과 먼 분을 구별하지 않고 보기 위해서입니다. 우리는 모두를 평등하게 소중하게 보는 것을 배워야 합니다.

위에서 말했듯이, 중생들 자신의 관점으로부터 그들은 모두 평등합니다. 모두가 평등하게 행복을 원하고 고통은 원하지 않습니다. 그리고 자기 자신의 관점으로부터 모두가 무시이래 어떤 생에 우리의 어머니였으며, 그때 우리들에게 친절하게도 생명과 영양을 제공해주었습니다. 여기서 우리가 집중해야 할 것은 중생들을 친구나 적으로 보는 성향을 버리는 것입니다. 왜냐하면 무시이래 아무도 항상 우리들에게 친구였던 사람이 없었고, 또한 우리가 항상 적의를 느꼈던 사람도 없었기 때문입니다.

여기 명상은 이렇게 진행됩니다: 시작할 때 관상하는 대상은 당신이 어떤 특정한 감정도 갖지 않고, 우정이나 적의도 느끼지 않는 사람입니다. 다음에는 당신의 어머니와 아버지 같은 친구와 친척들을 포함시킵니다. 마지막으로 포함시키는 것은 당신이 적의와 증오를 느끼는 사람들입니다. 우리의 목표는 종국에 가서 모든 중생들을 우리가 고마워하는 사람들의 범위에 포함시킬 수 있는 능력을 기르는 것입니다.

● 모든 남들을 소중하게 보는 마음 개발하기 ●

이것은 일곱 단계 보리심 방법의 요소들 중에서 다음 셋에 대한 명상입니다. 즉, (ⅰ) 모든 다른 중생들이 한때 우리의 어머니였다는 것을 인식하는 것, (ⅱ) 그 어머니의 친절을 기억하는 것, 그리고 (ⅲ) 그들에게 보답하기를 바라는 것.

(ⅰ) 모든 중생들이 자신의 어머니였다는 것을 인식하기

여기서 우리가 사유하는 것은 자기 자신과 남들이 무시이래로 이전에 무한한 수의 환생을 했다는 것입니다. 그 결과 우리는 모든 다른 중생들과 모든 종류의 관계를 맺어왔을 것입니다. 특히, 각 중생은 전생에 우리의 어머니였을 것입니다. 윤회하는 삶의 시작에는 한이 없고, 그러므로 우리들의 삶과 죽음, 환생도 한이 없습니다. 한 번도 우리들의 어머니가 아니었던 중생은 일체지자 부처님조차 찾을 수 없습니다.

어느 경전이 설합니다. "과거의 시간의 길이로 보아, 어느 특정한 중생이 태어나지 않았고, 살지 않았으며, 죽지 않았던 곳은 없다. 그런 곳은 찾기 드물 것이다. 마찬가지로, 우리는 모두 서로에게 다시 그리고 또 다시 아버지와 어머니, 자식, 스승, 선지식과 친구였다. 우리와 이들 관계를 공유하지 않은 중생을 찾는 것은 어려울 것이다."

(ⅱ) 어머니의 친절을 기억하기

여기에서는 이생의 자신의 어머니를 모델로 삼습니다. 그가 당신 앞 허공에 있다고 관상하고 생각하십시오, 그는 무시이래 모든 나의 생에서 나의 어머니였습니다. 반복해서 그는 나에게 어머니의 친절을 보여주었습니다. 특히, 이생에 그는 나를 자신의 자궁에 잉태했습니다. 그때 그는 자기가 할 수 있는 모든 방법으로 조심해서 나를 보호했고, 나를 위해 큰 어려움을 겪었습니다, 예를 들어, 오로지 나의 행복을 위해 특별한 식사와 행동 규

범을 지키는 것과 같은 것 말입니다. 나의 태어남은 그에게 엄청난 고통을 주었습니다. 허나 내가 자궁으로부터 나올 때 인간이라기보다 미끈미끈한 붉은 벌레 같았지만 그럼에도 불구하고 그는 자신의 애정 어린 손으로 사랑스럽게 나를 집어 들어 자신의 몸에 대고 나에게 따뜻함을 주었습니다. 그리고 나서 그는 나에게 먹이고 닦아주며 나의 유아기 내내 조심스럽게 나를 보살펴주었습니다. 그는 내가 배가 고플 때는 먹을 걸 주었고, 목이 마를 땐 마실 것을 주었으며, 내가 기온으로부터 보호가 필요할 때는 옷을 주었습니다. 이런 식으로 그는 나를 돌보고 그 대가로 자기 자신은 엄청난 개인적인 희생을 했습니다.

"그는 나에게 소중한 선물, 인간의 삶이란 형태를 주고, 그리하여 나에게 수행의 기반을 제공해줌으로써, 나는 수행할 능력을 갖게 되어 수행의 가르침을 받고 세 가지 공부, 문(聞), 사(思), 수(修)에 종사했는데, 이 수단에 의해 해탈과 일체지의 깨달음을 얻는 것이 가능합니다. 그는 차라리 자기 자신이 질병에 걸리기를 바랐습니다, 내가 병에 걸리는 것을 보는 것보다. 그리고 차라리 자기 자신이 죽으려했습니다, 나를 죽게 내버려두기보다. 간단히 말해, 그는 자기가 할 수 있는 온갖 수단을 동원하여 나에게 이익을 주었습니다."

우리는 이런 식으로 명상해야 합니다, 고맙다는 강렬한 생각이 일어날 때까지. 이것이 일어나면, 이생의 어머니에 대한 관상을 당신의 아버지로 대치하십시오. 그리고 명상하십시오, 어떻게 그도 여러 과거 생에서 당신의 어머니였고, 그때 당신에게 어머니의 온갖 친절을 보여주었는지 말입니다.

다음에는 그를 친구와 친척, 적과 모든 다른 중생들로 대치하십시오. 그리고 명상하십시오, 어떻게 그들 모두 많은 전생에서 당신에게 어머니의 많은 친절을 베풀어주었는지 말입니다.

(iii) 이 친절에 보답하려는 생각 일으키기

여기에서 우리가 시작할 때 기억해야 하는 것은, 우리들의 기억이 죽음과 중음, 환생의 강렬한 경험으로 흐려졌지만, 모든 남들이 우리의 어머니였고 우리들에게 큰 친절을 보여주었다는 것입니다.

그러고는 자신에게 물어봅니다. "만일 이것이 사실이라면, 어떻게 내가 그들에게 한 번이라도 불친절하거나 잔인할 수 있습니까?" *제자에게 쓴 편지*(Shisyalekha)에 나와 있듯이,

**중생들은 윤회의 바다에서 흔들리며 강한 소용돌이에 갇혀**
**삶으로부터 죽음과 환생으로 지나가며, 기억하지 못하네,**
**한없는 과거 생에서 그들 모두 서로에게 어머니였다는 것을.**
**그러니 그들에게 무관심하게 대하는 게 야비하지 않겠는가?**

자기 어머니를 무시하고 버리는 것은 가장 거칠고 천박한 사람들에게조차도 받아들일 수 있는 행동으로 생각되지 않습니다. 그러니 어떻게 내가 모든 중생들이 내게 보여준 친절에 반응하지 않을 수 있겠습니까? 나는 그들의 친절을 친절로 되갚아야 합니다.

어떻게 그들의 친절을 되갚을 수 있을까요? 무시이래 중생들은 온갖 종류의 윤회의 기쁨을 경험했으나, 이것들은 일시적이었고 사라져버렸습니다. 그들에게 필요한 것은 해탈의 영원한 행복입니다. *용왕의 북에 맞춘 게송*(Arya-sagaranagaraja)에 나와 있듯이,

> 바다와 수미산, 거대한 대륙은 무거운 짐 아니네,
> 세상의 친절을 되갚지 않는 짐에 비하면.
> 좋은 사람들은 이를 알고 세상을 위해 일하네.
> 중생들의 친절을 잊지 않아 이들은 현자들이 극찬하네.

다시 말해서, 남들의 친절을 되갚으려는 생각으로 그들을 대할 때 깨달음의 방식을 따르면 현자들은 이것을 최상의 보답이라고 칭찬합니다.

(b) 남들에게 관심을 갖는 마음을 실제로 일으키기 —

이 과정의 성취는 일곱 가지 방법의 다음 세 단계에 의해서 이루어집니다. (iv) 남들을 소중하게 보는 자심에 대한 명상, (v) 그들이 고통에서 벗어나는 것을 보고 싶은 비심에 대한 명상, 그리고 (vi) 전체적인 책임감에 대한 명상.

(iv) 자심에 대한 명상

여기에서는 단지 이런 생각에 머뭅니다. "행복을 못 가진 중생들이 행복을 갖고, 그들이 행복 속에 머무소서." 자심의 생각에 대한 명상의 이익은 *월등삼매경*에 설해져 있습니다.

> 우리가 날마다 모든 성인(聖人)들과 부처님들에게
> 공양을 올리는데 그 규모가 백만 개의 세계와 맞먹더라도
> 이것이 일으키는 가치 있는 에너지(공덕)는 한 차례
> 자심에 대해 명상하는 것이 낳는 만큼 되지 않으리라.

또한 다른 곳에도 설해져 있습니다. "우리가 불토에서 볼 수 있는 것과 동일한 선정의 대락 속에 머물거나 비구나 비구니로 10억겁을 살더라도, 이들 두 활동 중에서 어느 것도 자심이라는 주제에 대한 삼매 속에 단 한 차례 명상하는 것이 낳는 공덕을 낳

지 않을 것이다."

더욱이, 보행왕정론寶行王正論(Ratnavali)에서 (인도의) 스승 나가르주나가 설하는 바에 의하면 수행자가 대자(大慈)라는 생각에 관해 명상하는 것은 인간과 천상의 존재들 모두에게 기쁨이고, 따라서 그는 천상의 보호라는 탁월한 행운을 얻는다고 합니다.

자심에 대한 명상은 먼저 자신의 어머니를 관상의 모델로 삼아서 실시해야 합니다. 그러고 나서 잇따라 관상하는 것은 아버지와 친척, 친구, 지인, 모르는 사람, 적과 모든 중생들입니다. 우리는 그들 하나하나가 어떤 과거 생에서 우리들의 어머니였다고 명상합니다. 허나 그들이 아직도 행복을 누리지 못 하는 것을 보고 우리는 이렇게 서원합니다. "그들이 행복과 행복의 원인들을 가지소서. 그들이 언제나 행복 속에 머무소서."

이 명상에서 진전의 증표는 우리가 모든 중생들의 행복을 소망하기 시작한다는 것입니다. 어머니가 하나뿐인 자식이 행복하기를 소망하는 것만큼 강렬하게.

(v) 비심에 대한 명상

우리는 이런 서원 속에 머뭅니다. "고통으로 시달리는 모든 중생들이 고통과 고통의 원인들로부터 해방되소서. 그들이 언제나 고통으로부터 해방 속에 머무소서." 비심에 대한 명상의 이익은 위에서 설명한 자심에 대한 명상으로부터 일어나는 이익과 동일합니다.

여기 명상은 자심에 대한 명상과 유사한 방법으로 진행됩니다. 시작할 때 자신의 어머니를 관상하고 마지막에는 모든 중생들을 포함시킵니다. 그들이 살아가면서 겪는 고통의 방식들에 대해 명상하십시오. 그러고는 서원합니다. 그들이 모든 고통과 슬픔으로부터 해방되기를.

이 명상에서 진전의 증표는 우리가 남들에 대한 비심을 느끼기 시작한다는 것입니다. 어머니가 고통에 시달리는 하나뿐인 자식에 대해 느끼는 만큼 강렬하게.

(vi) 전체적인 책임이라는 비범한 마음

여기서 사유(명상)하는 것은 이런 생각입니다. "고통 받는 중생들이 고통으로부터 해방되소서. 모든 중생들이 행복 속에 머무르게 되소서. 나 자신이 이 두 목표에 가능한 모든 방법으로 이바지하게 하소서."

이리하여 일곱 가지 방법의 첫 여섯 단계는 남들의 행복, 다시 말해, 세상의 행복에 관심을 갖는 방법으로 분류됩니다. 그리고 바로 이 기반 위에서 우리는 깨달음에 관심을 갖는 마음을 일으킵니다.

**(2) 깨달음에 관심이 있는 마음 기르기**

위의 여섯 단계에 대한 명상이 어느 정도 성숙되면 이런 생각이 저절로 일어납니다. "내가 성취하기 소망하는 것은 모든 중생들에게 이익이 되는 것이다. 그러나 사실 완전히 깨달으신 존재, 붓다만이 모든 방식과 모든 수준에서 실제로 그렇게 하실 수 있다. 그러므로 모든 중생들에게 이익이 되기 위해 나는 노력해서 비길 데 없는 상태, 최상의 깨달음을 성취해야 한다."

이것은 간단한 방법으로 일곱 단계 명상을 실시하여 관습적인 보리심을 일으키는 것입니다.

### (3) 이 수행의 결실 체득하기

일곱 가지 방법의 최종적인 결실은 원보리심(the aspirational bodhimind)을 일으키는 것인데, 이것은 가장 높은 깨달음에 대한 이타적인 마음입니다. 이 서원의 성격은 전적으로 세상에 이익을 주는 것도 아니고 또한 전적으로 자기 자신을 위해 깨달음을 성취하는 것도 아닙니다. 사실, 이것은 두 가지 이상(理想)의 결합입니다. 우리가 깨달음을 얻으려고 노력하는 것은 그것이 세상에 이익을 주기 위한 수단이기 때문입니다.

이것이 원보리심의 성격입니다. 일단 이것이 일어났으면 우리는 행보리심(the applicational bodhichitta)을 시작할 수 있는데, 이 보리심이 행하는 것은 보살 수행인데, 예를 들어, 육바라밀(보시, 지계, 인욕, 정진, 선정, 지혜) 같은 것입니다. 바로 마음속에 존재하는 원보리심이 이들 활동을 보살 수행과 깨달음의 원인들로 바꾸어줍니다. 행보리심의 성격은 *현관장엄론*(Abhisamaya-alamkara)에 간단명료하게 설해져 있습니다.

**원보리심은 완전한 깨달음 성취하려는 소망이네,**
**세상에 이익 주기 위한 수단으로.**

보리심을 원보리심과 행보리심 둘로 나누는 데에 대해서, *입보리행론*에 다음과 같이 설해져 있습니다.

> 관습적인 보리심은 세분되면 두 가지 면,
> 원보리심과 행보리심이 있네. 이들 중
> 하나는 먼 도시로 여행하려는 소망과 같고,
> 다른 하나는 거기로 옮겨주는 운동과 같네.

이렇게 관습적인 보리심에는 두 가지 면이 있는데, 하나는 서원과 관련된 것이고 다른 하나는 실행과 관련된 것입니다. 이들 둘에 관해서는, 바로 가장 높은 깨달음에 대한 이타적인 염원이 양쪽을 위한 기반으로 작용한다는 것입니다.

한 가지 전문적인 설명이 여기에 도움이 될 수 있습니다. 우리가 육바라밀과 같은 보살 수행을 하든 않든, 우리의 수준은 원보리심의 수준으로 남는다고 합니다. 우리의 마음의 흐름이 보살도를 성취하려는 서약에 의해 강화될 때까지는. 원보리심이 보살도에 머물겠다는 공식적인 서약과 결합되어야 비로소 그것은 완전한 행보리심이 될 수 있습니다. (까말라쉴라Kamalashila의) *수습차제(Bhavana-krama)*는 이렇게 설합니다,

> 한없는 수의 중생들의 이익을 위해 붓다의 경지를 성취하려는 소망이 원보리심이다. 게다가 우리가 보살도를 성취하겠다는 서약을 하고 그 결과 복덕과 지혜 축적에 머물려고 노력한다면, 우리는 행보리심의 영역에 들어온 것이다.

이것으로 "원인과 결과의 일곱 가지 구두 전통 방법"으로 알려져 있는 방법에 의해 어떻게 보리심을 일으키는지에 대한 나의 얘기를 종결합니다. 이제 "자기-중시를 남들 중시와 교환하는 방법"으로 알려진 구두 전통 방법으로 넘어가겠습니다.

## 2. 자기-중시를 남들 중시와 교환하기

자기-중시와 남들 중시와의 교환을 통해 보리심을 일으키는 방법은 세 가지 제목 아래 제시됩니다. (A) 전체적인 태도를 기르는 이익과 그렇게 하지 않는 불이익, (B) 자기-중시를 남들 중시와 교환하는 것에 대한 명상에 친숙해짐을 통해 이기심을 바꿀 마음의 능력, 그리고 (C) 이 교환에 대한 명상의 단계들.

### A) 그렇게 하는 것의 이익과 하지 않는 불이익

자기-중시는 이 세상에서 모든 갈등의 근원이고, 남들 중시는 모든 행복의 근원이라고 합니다. *입보리행론*은 이렇게 설합니다.

> 이 세상에 존재하는 모든 행복은
> 남들이 행복하길 바라는 데서 일어나고,
> 이 세상에 존재하는 모든 고통은
> 자기만 행복하길 바라는 데서 일어나네.
>
> 더 이상 무슨 말이 필요하랴?
> 마음이 성숙하지 않은 사람들은 자기만 생각하나,
> 반면에 부처님들은 남들만 생각하시네.
> 이 둘 사이의 차이를 보게.

그리고 또 같은 책 다른 곳에서,

> 만일 우리가 즐거움에 대한 집착을 남들의
> 어려움에 대한 진정한 관심으로 바꾸지 못하면,
> 깨달음을 성취할 희망이 없고,
> 세상일에서조차 기쁨이 없네.

### B) 이기심을 바꿀 마음의 능력

자기-중시를 극복하는 것 자체가 남들을 중시하는 성향을 강화합니다. 왜냐하면 이 둘은 본래 반대되는 것들이기 때문입니다: 자기-중시는 모든 악업의 근원이고, 남들을 중시하는 것은 모든 창조적인 관계의 근원입니다. 전자가 제거되면, 후자는 성장하는 데 장애가 거의 없습니다.

우리는 이렇게 주장할 수 있습니다. 비록 이론적으로는 이것이 사실일 수 있으나 실제로는 남들을 중시하는 생각은 드물게 일어날 뿐이고, 그러므로 실제로 마음을 거기에 친숙하게 만들 기회가 없습니다.

이런 종류의 비판은 어느 정도 진실에 기반을 둔 것일 수 있습니다, 절제 있는 수행을 하지 않는 사람에 관한 한. 왜냐하면 모든 중생들을 중시하는 마음을 일으키는 것은 결코 쉬운 것이 아니기 때문입니다. 그러나 이것은 수행을 통해 성취될 수 있습니다. 왜냐하면 남들을 중시하는 것에 대한 지속적인 명상을 통해서 우리는 명상의 주제에 점점 더 친숙해지기 때문입니다. 예를 들어, 다른 어떤 사람과의 의심과 적대감의 관계를 신뢰와 우정의 관계로 바꾸기는 쉽지 않으나, 이것은 이루어질 수 있습니다. 만일 우리가 이 일에 헌신적으로 임하며, 따뜻하고 창조적인 환경의 틀 안에서 그 다른 사람과 점점 더 친숙해진다면. 사실, 우리는 그 다른 사람에게 너무도 가까워져서, 전에는 그와 같이 있으면 두렵고 불편했으나, 종국에 가서는 그가 다른 곳으로 이사 가면 그가 보고 싶을 것입니다.

자기-중시는 우리들 자신의 행복과 복지를 위해 노력하게 만들고,

남들 중시는 남들의 행복과 복지를 위해 노력하게 만듭니다. 통상적으로 우리는 자기-중시를 중시합니다. 그러나 자기-중시와 남들 중시는 다 같이 중요합니다. 왜냐하면 자기 자신과 남들은 다 같이 행복과 복지는 갖기를 원하고 다 같이 고통은 피하길 원하기 때문입니다.

그러므로 대승 수행자들이 배우는 것은 모든 중생들은 다 같이 행복을 원하고 고통은 피하기를 원한다고 보는 것입니다. 그들은 더 이상 자기들 자신의 이익을 남들의 이익보다 중시하지 않습니다.

당신은 이렇게 생각할 수 있습니다. "나는 남들의 행복에 관심을 가질 필요가 없다. 왜냐하면 그들이 겪는 어떤 고통도 나의 행복을 감소시키지 않고, 또한 그들의 행복도 나에게 어떤 식으로나 이익을 주지 않기 때문이다. 사실, 사정은 전혀 반대다. 자기-중시는 나에게 매우 유익하다, 왜냐하면 나 자신의 행복과 즐거움은 직접적으로 나에게 이익을 주고, 내가 겪는 고통이나 아픔은 나에게 직접적으로 해를 주니까."

그러나 이런 식의 논리를 타당하다고 받아들이는 것은 건설적이고, 책임지는 행동을 시작하는 논리와 모순됩니다. 우리는 항상 변하는 상태에 있으므로, 미래의 자기가 현재의 자기와 같은 존재라고 말할 수 없습니다. 그러니 왜 현재의 자기가 현재의 자기와 다른 존재인 미래의 자기에게만 이익을 줄 어떤 행동을 지금 시작해야 합니까? 어떤 행동이 그 결과를 가져올 때에 이르면, 처음에 그 행동을 한 사람은 이미 변했고, 따라서 더 이상 (같은 존재로) 존재하지 않습니다. 그 행동의 결과를 경험하는 사람은 그 행동을 시작한 사람과 더 이상 같은 사람이 아닙니다.

전체적인 책임의 중요성을 인정하지 않는 것은 이렇게 말하는 것과 같습니다. 손은 발의 통증을 없애기 위해 노력할 필요가 없다고, 그 통증이 손에는 영향을 주지 않는다는 이유로.

아마 우리는 이렇게 주장할 것입니다, 이들 설명 중에서 어느 것도 타당하지 않다고. 왜냐하면 현재와 미래의 자기는 하나의 존재의 흐름을 갖고 있고, 손과 발은 같은 존재의 일부인데, 반면에 나 자신과 남들은 두 개의 전혀 다른 무관한 범주의 존재라고. 그러나 이 논리 또한 타당하지 않습니다. 왜냐하면 의식의 순간들을 연결하는 흐름과 오온의 다른 부분들 자체도 실제로 존재하지 않고(空 공하고), 그러므로 마찬가지로 무관하기 때문입니다.

자기-중시를 남들 중시와 교환한다는 것은 정확하게 무슨 뜻일까요? 그것은 자기 자신을 다른 사람이라고 생각하는 것도 아니고, 다른 사람의 눈을, 예를 들어, 자기 자신의 눈이라고 생각하는 것도 아닙니다.

여기 주제는, 일반적인, 수행이 안 되고 정신적으로 개발이 안 된 사람들은 일반적으로 자기들 자신과 자기들이 가까운 사랑하는 사람들에게만 관심을 갖고, 다른 중생들의 행복에 대해서는 전혀 아무런 책임감도 갖지 않는다는 것입니다. 바로 이 성향을 바꾸고 뒤집어놓아야 합니다. 우리가 원하는 것은 남들의 행복에 더 많은 관심을 갖고, 모든 다른 중생들을 중시하고 그들이 잘 되기를 바라는 것을 배우는 것입니다. 그 대가로 가끔 우리가 개인적인 희생을 치르더라도.

### C) 교환에 대한 명상의 단계들

여기 명상은 네 단계로 진행됩니다. (1) 모든 비난의 대상 찾아내기 (2) 남들의 친절에 대한 명상, (3) 남들을 중시하는 것, 그리고 (4) 자기-중시를 남들 중시와 실제로 교환하는 것.

### (1) 모든 비난의 대상 찾아내기

우리가 겪는 좌절과 어려움, 고통에 대해 비난받아야 할 대상은 원전에 밝혀져 있습니다.

> Place all blame upon one object.
> 모든 비난을 한 가지 대상에 놓아라.

우리들에게 일어나는 모든 해악과 어려움들은 근본적으로 자기-중시 태도에 그 근원이 있습니다. 바로 이 자기-중시 태도가, 인간들과 비인간들로 인한 해악 때문에 우리가 겪는, 고통의 뿌리에 놓여있습니다. 심지어 질병의 결과로 우리가 겪는 모든 고통과 우리가 겪는 모든 공포와 두려움의 근원도 자기-중시입니다.

우리는 자기 자신 밖에 다른 아무것도 비난할 필요가 없습니다. 왜냐하면 그것은 바로 여기 우리들 자신의 의식의 흐름 속에 있기 때문입니다. 무시이래로 우리는 개인적인 안락과 즐거움을 우리들의 최상의 목표로 생각해왔습니다. 그 결과 이 목적을 위해 우리는 끝없는 악업을 지어왔으며, 항상 끌려 다니며 끝없는 사악한 투쟁을 통해 우리가 "원하는" 것을 얻고 "원하지 않는" 것을 피하려고 합니다. 그러니 실제 결과는 반대였습니다. 이 애착이, 우리들의 소망을 충족시키지 못하고 원하지 않는 고통과 좌절, 아픔만 우리들에게 가져왔을 뿐입니다. 어느 경전에 설해져 있듯이,

이 세상에 존재하는 모든 아픔,
찾을 수 있는 모든 공포와 불행은
자기-중시 태도로부터 일어나니
무슨 다른 유령 쫓아낼 필요 있나?

자기-중시는 무시이래로 무수한 우리들의 과거 생에서 우리들에게 해를 끼쳐왔을 뿐만 아니라, 지금도 그것은 계속해서 우리들에게 해를 끼치고 있습니다. 그것이 동기가 되어 우리는 항상 개인적인 안락과 즐거움을 추구하고, 이런 노력 때문에 속임과 간교, 무수한 사악한 계략의 행동유형에 빠집니다. 이로 인해 갈등과 뒤따르는 수많은 악업에 빠집니다.

우리는 여전히 자기-중시 태도를 없애지 못해서, 계속해서 악업의 악순환 속으로 끌려들어가고, 우리들 자신을 미래로 던지면서 방대한 소용돌이의 불쾌한 조건과 슬픔, 아픔 속에 빠져 있습니다. 그러므로 우리는 이 자기-중시 태도를 우리들의 가장 깊은 적으로 산수하고 온깃 노력을 다 해 이것을 초월해야 합니다.

무시이래로 우리들은 자기-중시 태도에 충실해왔으나, 그것이 우리들에게 되갚아준 것은 좌절과 고통뿐이었으며, 우리들을 깨달음의 길로 들어가지 못하게 막아왔습니다. 반면에, 만일 우리가 그 대신 남들을 중시하는 이상(理想)으로 우리들의 관심을 기울이고 자기-중시 성향을 제거했더라면, 우리는 오래 전에 붓다라는 수승한 경지를 성취했을 것입니다. 과거에 자기-중시 태도에게 보여준 헌신을, 지금 이 순간부터, 남들을 중시하는 태도에게 보여주어야 합니다.

## (2)와 (3) 남들의 친절에 대해 명상하고 그들을 중시하는 것을 배우기

여기서 시작할 때 우리는 이생의 어머니를 관상하고 기억합니다, 어떻게 그가 많은 전생에서 우리들의 어머니였고, 그때마다 친절로 우리들을 보호해왔는지를. 우리는 이렇게 사유합니다, "나는 그의 친절을 친절로 보답해야 한다."

그러나 어떻게 우리가 남들을 도울 수 있을까요? 이것을 성취하는 방법은 그들에게 기쁨과 긍정적인 행위(선업善業)의 길에서 그들을 격려해주는 것입니다. 전자(기쁨)는 직접적으로 그들에게 이익을 주고, 후자(선업)는 간접적으로 그렇게 합니다, 그들을 격려해서 선업의 씨를 기르게 함으로써. 이것이 미래에 익어서 상서로운 조건(행복의 간접적인 원인)이 되기 때문입니다.

그리고 무엇이 그들에게 해를 줄까요? 고통은 직접적으로 그들에게 해를 주고, 악업은 간접적으로 그렇게 합니다. 왜냐하면 바로 악업의 씨가 미래에 익어서 고통과 상서롭지 않은 조건(고통의 간접적인 원인)이 되기 때문입니다.

우리의 어머니에 대해 이렇게 사유한 후에, 우리는 대상을 바꾸어 아버지, 친척, 친구, 지인, 모르는 사람, 우리가 적대감을 갖는 사람과 마지막에는 모든 중생들을 명상하십시오, 어떻게 모두가 당신에게 어머니였고, 당신에게 막대한 친절을 보어주었는지에 대해서.

## (4) 실제 교환

일단 남들을 중시하는 마음이 이 명상에서 발생되면, "보내기와 받기"로 알려져 있는 방법에 들어가십시오.

우리는 "받기" 명상으로 시작합니다. 여기서 중점은 세상과 주민들입니다. 우리의 목적은 그들의 고통과 어려움들을 우리들 자신이 취하고, 그들에게는 모든 행복과 선(善)을 주는 것입니다.

먼저 외적인 무정계(無情界)의 허물을 떠안습니다. 숨을 들이마시면서 관상합니다. 가시와 지나친 더위와 추위, 홍수와 가뭄 등과 같은 무정계의 모든 어려움(허물)들이 숨을 들이쉴 때 짙은 검은 구름의 형태로 당신의 심장으로 들어온다고. 이것이 자기-중시 성향을 타격하는데, 이 성향은 심장 중심에 검은 공(ball)의 형태로 있다고 관상합니다.

그러고는 당신의 주의를 중생들에게로 돌립니다. 숨을 들이마시면서 관상합니다. 당신은 모든 중생들의 특정한 고통은 물론 그들의 악업의 씨앗도 가져온다고. 이들 악업은 검은 구름의 형태로 당신의 심장 중심으로 와서 당신의 자기-중시를 없애버립니다.

명상하십시오, 이런 식으로 지옥중생들은 더위와 추위, 고문의 고통에서 해방되고, 아귀들은 굶주림과 갈증 등으로부터 해방되니, 동물들은 서로를 잡아먹는 고통으로부터 해방되고, 사람들은 생로병사의 고통으로부터 해방되며, 아수라들은 끊임없는 전쟁 등의 고통으로부터 해방되고, 욕계의 신들은 죽음의 징후 등의 고문으로부터 해방되며, 그보다 더 높은 신들은 윤회의 오온에 기반을 둔 윤회의 세계에 편재하는 고통(행고行苦)으로부터 해방된다고.

명상하십시오, 당신이 또한 당신 자신에게 떠안는 것은 성문 아라한들과 연각, 심지어 십지의 보살들의 완전한 깨달음을 아직도 방해하는 장애입니다.

그러나 부처님들이나 자기 자신의 스승님들로부터 악업을 없애는 명상은 할 필요가 없습니다. 왜냐하면 전자(前者)는 이미 모든 허물을 초월하셨고, 후자는 모든 면에서 완전한 분이라고 명상해야 하기 때문입니다.

자신의 스승님들에게 보이는 질병과 신체적인 장애, 노령의 증표 등의 허물은 자기 자신의 청정하지 않은 인식으로부터 일어나는 단순한 나타남으로 간주해야 합니다. 그들은 수행의 본존(수행의 대상으로 삼는 부처님)들과 딴뜨라 부처님들의 구현으로 보고 모든 허물을 초월하신 것으로 생각해야 합니다.

이 명상에서 취하거나 받는 대상에 관해서, 때로는 우리가 관상할 수 있는 것은, 뜨거운 지옥의 열기나 고문 같은, 육도의 어느 한 영역의 특정한 고통을 자기 자신이 떠안는 것입니다. 혹은 더욱더 구체적으로, 뜨거운 지옥 중의 하나인, '죽고 부활하는' 지옥의 고통을 없애는 것에 대한 명상을 할 수 있습니다.

달리, 때때로 우리가 관상할 수 있는 것은, 육도 중 어느 하나에서 중생들을 그들의 악업 성향으로부터 분리시키는 것입니다. 또는 우리가 관상할 수 있는 것은, 탐, 진, 치 같은 그들의 번뇌를 없애는 것입니다. 여기서 우리는 한 차례 명상 전체를 바쳐 중생들을 탐욕 같은 번뇌로부터 해방시키고, 다음 차례에서는 그들을 미움으로부터 해방시키는 명상을 하고, 나아가서 아만, 망설임, 질투, 인색 같은 다른 번뇌에 대해 명상할 수 있습니다. 전에 했듯이, 우리는 명상합니다, 이것들이 검은 구름의 형태로 들어와서 심장에서 자기-중시를 파괴한다고.

다음에는 "받기" 명상을 시작합니다. 다시, 주제는 세상과 그 주민들입니다. 여기서 우리가 관상하면서 보내는 선물에 포함되는 것은 행복과 물질, 이생의 자신의 몸, 삼세의 모든 선(善) 등입니다. 우리가 또한 관상으로 그들에게 보낼 수 있는 것은 부처님들과 보살님들의 초월적인 기쁨(대락大樂)입니다, 왜냐하면 이것은 성격상 세상을 정신적으로 고양(高揚)시키는 데에 회향되기 때문입니다.

일반적으로 관상으로 공양 올리는 것이 적절하다고 여겨지는 것은 이생의 몸뿐입니다. 왜냐하면 과거의 몸들은 이미 지나가버렸고, 미래의 몸들은 아직 얻지 못했기 때문입니다. 이런 주장을 할 수 있습니다. 같은 것이 선업에 대해서도 적용된다. 그러므로 삼세의 모든 선을 주어버리는 것에 대해 명상하는 것은 적절하지 않습니다. 왜냐하면 과거의 선은 지나가버렸고 미래의 선은 아직 성취하지 못했기 때문입니다. 그러나 선이 가리키는 것은 마음의 흐름에 운반되는 긍정적인 업의 씨앗들입니다. 그러므로 이들을 남들의 행복에 회향하는 것은 아주 타당한 것입니다.

"보내기"에 대한 명상을 하는 방법은 다음과 같습니다: 다시, 외적인 무정계로 시작합니다. 관상하십시오, 그것이 정토로 바뀌고, 그것의 표면은 청금석에 금박이를 해놓은 것처럼 매우 아름답습니다.

다음에는 이 세계에 거주하는 중생들을 생각합니다. 우리는 이생의 어머니로 시작해서, 점차 명상의 범위를 확장하여 아버지, 친척, 친구, 모르는 사람, 적 등을 포함하고 마지막에는 모든 중생들을 포함합니다. 명상하십시오, 당신이 그들 모두에게 모든 행복과 삼세의 모든 선을 준다고.

때로는 지옥 중생들을 집중의 대상으로 삼고, 때로는 성문 아라한과 연각, 심지어 십지 보살까지 대상으로 삼습니다. 명상하십시오,

이들 모두가 자기들의 한계를 초월하고 깨달음을 향해 나아간다고.

이 "보내기" 수행은 부처님들과 수행 스승님들의 서원과 일치합니다. 왜냐하면 성인(聖人)들은 남들을 위해 행복만을 원하고 모든 중생들이 고통으로부터 해방되는 것을 바라기 때문입니다. 원전에 설해져 있습니다,

> Meditate on (alternately) sending and receiving.
> (교대로) 보내기와 받기에 대해 명상하라.

이것이 다른 판본에는 이렇게 나와 있습니다,

> In the actual practice, meditate on (alternately) sending and receiving; And begin the receiving with yourself.
>
> 실제 수행에서, (교대로) 보내기와 받기에 대해 명상하고, 당신 자신과 받기를 시작하라.

이 두 판본의 핵심적인 의미는 같습니다. 차이는 둘째 것은 전반적인 수행에서 "보내기와 받기" 면을 더 강조한다는 것입니다.

"당신 자신과 받기를 시작하라"는 말이 가리키는 것은 당신 자신 안에서 일어나는 모든 고통과 괴로움, 미혹들을 동력으로 받아들여, 악업의 씨앗을 정화해서 당신을 그 씨앗으로부터 해방시켜주는 수행입니다.

당신이 이런 식으로 당신 자신의 마음의 흐름을 정화하고, 관상으로 당신 앞에 이생의 당신의 어머니를 모십니다. 사유하십시오, 어떻게 그가 무수한 과거 생에서 당신의 어머니였고, 그때마다 당신

에게 커다란 친절을 베풀어주었는지.

이생에서도 그는 당신을 잉태하여 어린 시절 내내 당신을 기르면서 최선을 다해 당신의 욕구를 충족시켜주었습니다. 그는 심지어 당신에게 몸과 수행할 환경까지 제공해주어서, 당신은 깨달음의 길을 만나 수행할 수 있게 된 것입니다. 더욱이, 그는 어떤 미래의 생에서도 다시 당신의 어머니가 될 가능성이 충분히 있습니다. 그의 친절에 보답하기 위한 반응으로 당신이 해야 하는 유일한 행동 방식은 그에게 이익을 주고 그를 해로부터 보호해주는 것입니다.

무엇이 중생들에게 해를 줄까요? 고통과 악업입니다 – 전자는 직접적으로, 후자는 간접적으로. 그리고 무엇이 이익을 줄까요? 행복은 그들에게 직접적으로 이익을 주고, 선업은 간접적으로 그렇게 합니다.

그러므로 고통과 악업으로부터 중생들은 보호가 필요하고, 행복과 선업 면에서 그들은 격려가 필요합니다. 이것들이 우리가 남들의 친절에 보답해야 하는 수단입니다.

이 사유의 힘을 당신의 명상 안에서 쌓아올리십시오. 그러고는 관상하십시오, 숨을 들이쉴 때, 모든 악업이 당신의 어머니로부터 잘 려나가 검은 구름의 형태로 당신에게 온다고. 그의 고통과 미혹, 악업의 이 검은 구름이 당신의 심장으로 흘러들어옵니다. 이런 식으로 그는 모든 고통으로부터 해방된다고 생각하십시오. 이 검은 구름이 당신 자신의 자기-중시를 타격하여, 그것을 당신 안으로부터 없애버립니다.

그러고는 숨을 들이쉬면서 관상하십시오, 모든 당신의 행복과 선업이 당신의 숨과 함께 내보내진다고. 이것들은 하얀 구름의 형태를 취합니다. 이 구름이 당신의 어머니 속으로 녹아들어, 그를 기쁨으로 채워주고, 그가 깨달음 쪽으로 나아가게 만듭니다.

이렇게 들숨과 동시에 우리는 그의 모든 고통과 악업을 검은 구름의 형태로 받아들입니다. 마찬가지로 날숨과 동시에 우리는 그에게 모든 행복과 선업을 하얀 구름의 형태로 보냅니다.

수행의 이 시점에서 실제 명상을 하는 방법은 먼저 대여섯 차례 호흡하면서 당신 자신의 미래의 고통과 악업을 받아들입니다. 매번 숨을 들이쉬면서 악업을 검은 구름의 형태로 받아들이고, 숨을 내쉬면서 관상으로 모든 선업을 하얀 구름의 형태로 내보냅니다.

다음에는 관상하는 대상을 아버지로 바꾸고, 대여섯 차례 호흡하고, 앞에서 했던 방식으로 행하고, 다음에는 친구, 친척, 지인, 모르는 사람, 적, 모든 중생들로 나아갑니다. 먼저 어떻게 모두가 당신에게 친절했는지를 사유하고, 그러고는 나아가서 호흡과 함께 "보내기와 받기" 명상을 합니다. 원전에 설해져 있습니다.

> Ride upon the moving breath.
> 움직이는 호흡을 이용하라.

"보내기와 받기" 명상에서, 우리는 의식을 호흡에 두고 숨을 들이쉬면서 관상으로 검은 구름의 고통과 악업을 끌어들이는데, 이것이 우리의 심장으로 와서 우리의 자기-중시를 파괴합니다. 관상하는 대상은 자신의 어머니로 시작해서 아버지, 친구, 적 등으로 나아가고, 이렇게 해서 모두가 악업과 고통으로부터 해방된다고 생각합니다.

숨은 심장에 잠시 잡고 있다가 천천히 내뱉으며 동시에 관상으로 모든 행복과 선업을 남들에게 내보냅니다. 이것은 하얀 구름의 형태로 나가서 관상하는 대상(어머니, 친구 등) 안으로 녹아들어가서 그가 행복을 얻고 깨달음으로 나아가게 합니다.

앞에서 말했듯이, 숨을 완전히 들이쉰 후 잠시 잡고 있다가 내쉽니다. 숨을 더 긴 시간 잡고 있는 방법도 있는데, 이것은 보통 선정을 개발하기 위한 수행과 연관해서 하며 집중력에 크게 도움이 됩니다.

이와 비슷한 관상과 호흡의 결합은 명상 대상(어머니, 아버지 등)으로 이용되는 다양한 사람들에게도 이용될 수 있습니다. 특히, 당신이 명상의 대상으로 삼는 사람이 당신에게 해를 끼쳤고 그 결과 당신이 그에게 적의를 느끼는 사람인 경우에, 시작할 때 관상으로 그 사람을 당신 앞 공간에 데려와서 사유하십시오, 어떻게 그가 과거의 많은 생에서 당신의 어머니였고 당신에게 큰 친절을 보여주었는지, 숨을 들이쉬면서 방대한 구름의 그의 악업과 나쁜 생각과 불쾌한 행위들을 받아들여서 그를 그것들로부터 해방시키십시오. 그러고는 숨을 내쉬면서 하얀 구름의 행복과 선업을 보냅니다.

명상을 종결할 때는 집착에서 벗어난 명료함 속에 의식을 머물게 해야 합니다. 다른 방법으로는, 만일 당신이 부동의 공성에 대한 명상에 수련되어있는 경우에, 실재를 여읜 공성에 머무십시오.

숨을 내쉬면서 관상으로 당신의 몸과 재물, 공덕 등을 주고, 상상하십시오, 당신이 주는 몸의 부분들이 여의주가 되어 모든 필요한 것을 준다고.

움직이는 호흡을 이용하는 이런 식의 명상을 통해, 왜곡된, 개념적인(이원적인) 마음의 힘이 약해지고, 선정의 힘은 강화됩니다. 이것이 이 수행의 중요한 부수 효과입니다.

이 명상은 또한 무상과 죽음에 대한 의식의 수련과 관련이 있습니다. 먼저 숨을 들이쉬면서 우리들 자신이 고통을 떠안고, 내쉬면서 행복을 줍니다. 숨을 들이쉬는 것은 우리들의 생명의 첫 호흡, 이 세상에 우리가 처음 나타나는 순간과 같고, 숨을 내쉬는 것은 우리들의 생명의 마지막 순간, 우리들의 죽음, 우리가 마지막 숨을 내쉬는 것과 같습니다. 이리하여 이 방법은, 모여서 이루어진 것들, 특히 우리들의 몸의 무상(無常)에 대한 인식을 높여줍니다.

이런 주장을 할 수 있습니다. "보내기와 주기"의 이 명상법은 현실과 너무 동떨어져서 아무 가치나 효과가 없다고. 왜냐하면 방석에 앉아있는 명상자가, 단지 상상만으로 남들의 고통을 취하고 그들에게 행복을 주는 것으로는, 어떤 사람에게 실제로 이익을 줄 길이 없으니까, 그리고 명상하는 사람의 마음속에서를 제외하고 실제로 아무것도 주거나 취하는 것이 아니라고. 원전은 이렇게 설합니다,

> Transcend preconceptions in this practice,
> For there are many examples of its effectiveness
> Demonstrated in the lives of earlier buddhas.
> The scriptural source for this oral tradition method
> Is the *Jataka* story of Buddha's previous life
> As the traveler Dzewoi Bumo.

이 수행에서 선입견을 초월하라, 이것이 효과가 있다는 예들이
과거의 부처님들의 삶에 많이 나오니까.

이 구두 전통 방법의 경전의 근원은
항해사 제외 부모(Dzewoi Bumo)로서 부처님의
전생에 관한 **본생경**(Jataka)의 이야기다.

다시 말해, 비록 남들과 물리적인 교환은 없지만, 이 명상이 무가치해지는 것은 아닙니다. 전혀 반대로, 이것은 수행자들의 마음의 흐름 안에 깨달음의 파동을 일으켜서, 종국에 가서는 엄청난 기쁨과 선(善)을 세상으로 가져오는 가치가 있습니다.

석가모니 부처님은 물론 과거의 모든 다른 부처님들께서는 먼저 남들을 자기보다 더 중시하는 마음을 개발하셨고, 이 교환을 기반으로 나아가셔서 완전한 깨달음을 성취하셨습니다. 예를 들어, 항해사 제외 부모로서 석가모니 부처님의 과거의 환생에 관한 인기있는 전설은 큰 영감입니다. 특히 이 본생담의 얘기는 호흡에 의식을 두는 "보내기와 받기" 명상의 초기 경전의 근원입니다.

명상 기간 중에 우리는 모든 어머니 중생들의 친절을 기억하고 호흡에 기반을 둔 "보내기와 받기" 명상 방법을 이용해서 사기-중시를 남들 중시와 교환해야 합니다.

명상 기간과 명상 기간 사이의 수행에 대해, 원전은 설합니다.

> Practice on the three objects,
> Three poisons, and three roots of virtue.
> This in brief is the oral precept
> For the periods between meditation sessions.
> In order to remember this,
> Recite it verbally in all daily activities.

> 세 가지 대상, 세 가지 독, 세 가지
> 덕의 뿌리(선근善根)에 대해 수행하라.
> 이것이 요컨대 명상 시간과 명상 시간 사이
> 기간을 위한 구두 계율이다.
> 이것을 기억하기 위해,
> 이것을 모든 일상 활동에서 말로 암송하라.

다시 말해, 공식적인 명상 시간 중에 우리는 자기-중시를 남들 중시와 교환하는 명상을 해야 합니다. 그러고 나서 명상 시간 사이에는, 마음을 주의 깊게 지켜보고 그에 따라 대처해나갑니다. 예를 들어, 매력적인 사람들이나 물건이 당신에게 나타나서, 그 결과 욕정이나 탐욕이 일어나면, 사유합니다, 이 세상에는 이들 괴로운 감정들로 나처럼 동요되는 사람들이 많이 있다는 것을. 그리고 이런 생각을 일으키십시오, "그들의 욕망이 나에게서 익으소서." 모든 중생들의 탐욕과 욕정을 상징하는 검은 구름을 들이쉬십시오. 이것이 당신의 심장으로 와서 당신의 자기-중시를 공격하여, 모든 중생들을 탐욕과 욕정의 번뇌로부터 해방시킵니다. 그러고는 무탐과 기쁨의 하얀 구름을 내쉬어, 그들을 고양시키고 고무해줍니다.

구루 요가 수행으로부터 이 수행의 이 시점까지는, 실제 명상 시간 중 앞에서 설명한 대로 진행하십시오. 그리고 명상과 명상 사이 기간 중에는 이 서원에 머무십시오, "남들의 고통은 나에게서 익고, 나의 행복은 그들에게서 익으소서. 그들의 어려움들은 나에게로 오고, 나의 기쁨들은 그들이 공유하소서." 또한, 끊임없이 이런 기도를 하십시오, "이 희귀한 인간의 삶 얻었으니, 이것이 뜻있게 사용되게 하소서... 내가 경험하는 행복은 세상을 정화하는 힘으로 이용되게 하소서." 등등.

미움과 분노가 일어날 때 같은 방법으로 사유하며, 자기 자신이 이들을 모든 다른 중생들로부터 떠안고, 모든 기쁨과 행복은 그들과 공유합니다. 또한 무지와 닫힌 마음이 일어날 때도 같은 방법으로 명상하십시오.

이 수행은 매우 강력하고 수행자에게 심오한 영향을 줍니다. 왜냐하면 마음을 이런 식으로 기르면, 몸과 말의 표현이 자동적으로 바뀌고, 더 이해심이 많고 건전한 방식을 사용하기 시작하기 때문입니다.

경전에 설해져 있듯이, "마음이 가는 곳에는 언제나 몸과 말도 저절로 따라간다." 마음을 정화시키고 고양시키면, 우리들의 몸과 말의 표현은 즉시, 힘들이지 않고 정화됩니다.

사실 앞에서 원보리심을 일으키기 위해 설명한 일곱 가지 방법 중에서 모든 원인에 관한 단계들은 "보내기와 받기"의 호흡에 기반을 둔 방법에 포함되어있습니다. 전에 간략하게 설명했듯이, 호흡을 이용하는 방법에서 시작할 때 사유하는 것은 모든 중생들이 한때 우리 어머니였다는 것과 어머니로서 그들이 우리들에게 생명을 주고 보호해주는 친절을 보여주었다는 것입니다. 이것들은 또한 일곱 가지 방법에서 첫 두 단계입니다. 이것이 그들에게 보답하려는 염원을 일으키는데, 이것은 셋째 단계와 같습니다.

그러고서 우리는 어떻게 우리가 그들에게 보답할 수 있는지 우리들 자신에게 물어보는데, 이에 대해 떠오르는 답은, 그들에게 기쁨과 선을 주는 것을 통해서입니다. 이로 인해 이런 염원이 일어납니다. " 그들이 행복과 그것의 원인, 선업을 가지소서." 이 생각은, 일곱 요소의 넷째, 보편적인 자심(慈心)의 성격을 갖고 있습니다.

다음으로 일어나는 생각은 어떻게 우리가 그들을 보호할 수 있느냐는 것인데, 이에 대해 떠오르는 답은 우리가 그들을 보호하는 방법은 그들을 도와서 고통과 그것의 원인, 악업으로부터 해방시키는 것입니다. 이로 인해 이런 염원이 일어납니다. "그들이 고통과 그것의 원인, 몸과 말, 마음의 악업으로부터 해방되소서." 이 염원은 다섯째 요소, 보편적인 비심(대비大悲)과 성격이 같습니다.

그러면 이런 생각이 일어납니다, "나 자신이 이바지해서 남들에게 행복을 주고 고통을 세상으로부터 없애야 한다." 이것은 일곱 가지 방법에서 여섯째 요소, 전체적인 책임감으로 특징지어진 비범한 태도입니다. 원전은 다음에 이렇게 설합니다.

> The wish to achieve buddhahood:
> Make friends with and cultivate to fruition
> This sublime thought, the aspirational bodhimind.
>
> 붓다의 경지에 오르려는 소망:
> 원보리심이라는 이 수승한 생각과
> 친구가 되고 이것을 길러서 열매를 맺게 하라.

이것이 가리키는 것은 자기-중시를 남들 중시와 교환하는 데 대한 명상의 이 시점에서 우리가 강하게 경험하는 것은 행복을 남들에게 주고 그들의 고통을 없애려는 염원이라는 것입니다. 이로 인해 이런 생각이 일어납니다. "그러나 나에게 실제로 이 두 가지 목적을 성취할 능력이 있는가?" 이에 대한 답은 분명합니다. 현재 나에게는 한 사람조차 완전하게 이익을 줄 능력이 없습니다. 사실, 나는 인생에서 나 자신의 목적을 전부 성취할 능력조차 갖고 있지 않고, 또한 나 자신 안으로부터 모든 수준의 악업을 없앨 수도 없으며, 남들이 그들 안에서 그렇게 하도록 도와줄 생각도 할 수 없습니다. 막강한 성문 아라한과 연각들조차 인생의 목적의 일부만 성취할 수 있을 뿐입니다. 그들이 이룬 것은 부분적인 성취일 뿐이기 때문입니다.

그러니 누가 남들에게 완전히 이익을 줄 수 있을까요? 완전히 깨달으신 존재, 붓다뿐입니다. 왜냐하면, 단 한 줄기 빛, 완전히 깨달으신 붓다가 보여주시는 경이로운 행위나 가르침의 말씀은 무수한 중생들을 고양시키고 해탈시킬 수 있는 능력을 갖고 있기 때문입니다. 그러므로 내가 깨달음을 얻을 때까지, 나는 세상에서 완전한 영향도 주지 못하고 남들에게 완전한 이익도 주지 못할 것입니다.

이런 인식으로 인해 강렬한 결의가 일어납니다. "모든 중생들의 이익을 위해 나는 완전한 깨달음을 성취해야 한다." 이 생각이 원보리심입니다. 만일 이 생각 위에, 육바라밀 같은, 방대하고 심오한 보살 수행을 성취하려는 결의, 행보리심의 서약을 행할 준비가 되어있다면, 우리는 모든 중생들에게 완전한 이익을 줄 수 있을 것입니다. 그러고는 이 서약의 기반 위에서 우리는 보살의 길(보살도) 안에 머물러야 합니다.

## C. (수행의) 진전의 척도

이 명상 방법에서 성공의 척도는 자기-중시 태도가 줄어들기 시작하고, 남들에 대한 사랑이 자신의 마음의 흐름 안에 자연발생적으로 일어나서, 가장 높은 깨달음에 대한 이타적인 서원과 보살행, 대승을 성취하려는 서약으로 굳어지는 것입니다.

## D. 보살 서약을 일으키기 위한 의례

여기에는 세 가지 주제가 있습니다: (1) 보살 서약을 일으키는 방법들(이것은 전에 그것을 일으키지 않은 분들이 이용해야 합니다), (2) 그것이 약해지는 것을 막는 방법들(이것은 전에 그것을 일으킨 분들을 위한 것입니다), (3) 그것을 회복하는 방법들(그것이 약해지는 경우에).

### 1. 보살 서약을 일으키는 방법들

이것은 세 가지 제목 아래서 설명됩니다: (A) 이 서약을 일으킬 때 앞에 모시는 분, (B) 그것을 일으키는 기반, (C) 그렇게 하기 위한 실제 의례.

#### A) 이 서약을 일으킬 때 앞에 모시는 분

경전에 설해져 있듯이, "보살의 서약을 보유한 스승이 있는 곳에 와서…" 다시 말해, 우리는 보살 서약을 보유한 선지식 앞에서 보살 서약을 합니다.

### B) 서약의 기반

비록 생각이라는 수단과 신체적인 수단에 의해 원보리심 서약을 할 수 있고, 그래서 기반이 될 수 있는, 어떤 유형의 다른 차원의 존재들이 있지만, 여기서 기반은 사람으로서 깨달음의 길의 단계에서 마음 수련을 해서 보리심에 대한 약간의 경험이 있는 분입니다.

### C) 실제 의례

여기에는 세 가지 면이 있습니다: (1) 의례의 전행(前行), (2) 의례의 본행(本行), 그리고 (3) 종결 절차.

**(1) 의례의 전행**

세 가지 전행이 있습니다: (a) 특별 귀의를 하는 것, (b) 좋은 에너지 일으키는 것(상서로운 기도), 그리고 (3) 자신의 동기를 정화하는 것.

**(a) 특별 귀의**

여기에는 두 가지 절차가 있습니다: ( i ) 방을 정돈하고 제단을 마련하는 것과 ( ii ) 간청하고, 귀의하며, 귀의 조언 낭송하는 것.

( i ) 먼저 방을 깨끗이 청소하고, 그런 다음 다섯 가지 요소의 정수와 향수로 방을 성화(聖化)합니다. 제단에 꽃은 물론, 불상과 경전, 보살상 등을 올려놓습니다. 이들은 다른 높이의 개별적인 받침대 위에 올려놓아도 됩니다.

또한, 의례를 주재하실 스승님을 위한 좌석을 마련하고, 꽃과 향 등을 공양올리고, 만달라 공양도 올리십시오.

(ⅱ) 둘째 요점(간청, 귀의, 조언 낭송)에 대해서는, 먼저 구루를 붓다로 관상하고, 그의 앞에 무릎을 꿇고 합장하고 이렇게 간청합니다.

> 오 스승님이시여, 모든 이전의 진여로 가시고, 해탈하셨으며, 완전히 깨달으신 부처님들과 십지에 머무시는 대보살님들도 먼저 비길 데 없는, 청정한, 완전한 깨달음을 성취하려는 서약을 하셨습니다. 그래서 지금 저(자기 이름)도 청하오니 저에게 같은, 비길 데 없는, 청정한, 완전한 깨달음의, 서약을 내려주십시오.

이 간청을 세 번 반복하십시오.

그러고는 귀의를 합니다. 그리고 이런 생각을 견고하게 만듭니다. 지금부터 깨달음을 성취할 때까지, 모든 중생들에게 이익이 되기 위해, 당신은 부처님들을 귀의를 드러내 보여주신 분들로, 다르마를 실제 귀의로, 승가를 귀의를 성취하는 것을 도와주는 친구들로 간주하게 될 것입니다

이 기반 위에서 다음 말을 반복하십시오,

> 오 스승님이시여, 제게 주의를 기울여주십시오. 저(이름)는 지금부터 깨달음의 핵심을 성취할 때까지 이 땅에서 최상의 존재인 완전히 깨달으신 부처님들에게 귀의합니다. 저는 최상의 수행의 길, 내면의 평화와 모든 집착으로부터 해방을 가져오는 다르마에 귀의합니다. 저는 불퇴전의 높은 보살 단계를 성취하신 가장 높은 공동체, 승가에 귀의합니다.

이 귀의문은 세 번 반복합니다. 여기 "오 스승님이시여…"부터 "깨달음의 핵심을 성취할" 때까지를 또한 반복한 뒤에 그 다음 귀의문 낭송을 해야 합니다(가끔 하듯이, 그것을 처음 낭송하고, 그 다음 두 낭송에서는 생략하고 단지 "저는 귀의합니다… 등"만 낭송해서는 안 됩니다).

다음에는 스승이 귀의 조언을 낭송하는데, 이것은 앞에서(귀의하기에 관한 부분에) 설명했습니다.

**(b) 좋은 에너지 일으키기(상서로운 기도)**

이를 위해 우리는 *보현행원*(구루 요가 전행 명상에 나옴)에서 나온 칠지 기도를 현재와 과거의 법맥 스승들과 불보살님들에게 올립니다.

**(c) 자신의 동기 정화하기**

우리는 모든 중생들이 행복하길 바라는 마음, 자심(慈心)과 모든 중생들이 고통으로부터 해방되기를 바라는 마음, 비심(悲心)을 일으킵니다.

**(2) 의례의 본행**

다음 의례문을 세 번 낭송합니다:

오 시방에 머무시는 부처님들과 보살님들이시여, 제게 주의를 기울여주십시오. 오 스승님들이시여, 제게 주의를 기울여주십시오.

저(이름)는 삼세에 걸쳐 보시와 지계, 선정 등의 수행이나, 남들에게 수행하게 격려하거나, 남들이 수행하는 것을 보고 기뻐한 것 등을 통해 제가 쌓아온 모든 공덕을 받아들입니다. 모든 과거의 진여로 가시고, 해탈하셨으며, 완전히 성취하신 부처님들과 십지에 머무시는 모든 과거의 보살님들께서 이 공덕의 뿌리를 받아들이셔서 그것을 바꾸어서 비길 데 없는, 완전한 깨달음의 생각(보리심)을 일으키셨듯이, 지금 저(이름)도, 지금부터 완전한 깨달음을 성취할 때까지, 비길 데 없는 완전한 깨달음의 마음을 기르겠다고 서약합니다. 저는 해탈하지 못한 중생들을 해탈하게 하고, 자유가 없는 분들에게 자유를 주며, 숨을 쉴 수 없는 분들에게 숨을 주고, 고통을 초월하지 못한 이들을 고통을 초월하게 하겠습니다.

이것이 스승 앞에서 보리심 서약을 하는 의례입니다. 만일 스승이 계시지 않을 경우에는, 이렇게 관상만 해도 됩니다. 시방의 부처님들과 보살님들께서 증인으로 나오시고, 우리는 그들에게 공양을 올리고, 위의 의례대로 진행하면 됩니다. 그러나 이 경우에는 "오 스승님이시여, 제게 주의를 기울여주십시오"라는 말은 생략합니다. 귀의하고 보리심 서약을 하는 단계들은 거의 같습니다(의례를 주재할 스승이 참석하든 않든).

### (3) 종결하는 절차

전처럼, 의례를 주재하는 스승은 여기에서 원보리심을 받아들인 것에 수반하는 조언을 반복합니다. 우리가 위의 의례를 이용하여 모든 중생들에게 이익을 주기 위해 완전한 깨달음을 성취하려는 생각, 원보리심을 일으키든 않든 (혹은 어떤 다른 방법으로 이 서원을 일으키든, 예를 들어 어떤 생존하는 보살로부터 영감을 받아, 이것을 명상 등에서 지연발생직으로 일으키는), 원보리심의 조언을 유지할 수 있는 자신의 능력은 같습니다. 그러나 만일 우리가 위의 의례를 이용해서 그 생각을 일으키고 깨달음을 성취할 때까지 보살 태도를 길러서 한 번도 약해지게 내버려두지 않으려면, 우리는 그 조언과 원보리심 계율을 유지해야 합니다.

## 2. 보살 서약을 보호하는 방법들

이것은 두 가지 제목 아래 다루어집니다: (A) 이생에 보살 서약을 약화시키지 않는 원인들을 기르는 것과 (B) 미래의 생에서 이것과 헤어지지 않는 원인들을 기르는 것.

### A) 이생에 보살 서약을 약화시키지 않기

이것은 네 가지 수행에 의해 이루어집니다: (1) 보리심의 이익에 대해 사유하는 것(이것은 수행에 대한 열성을 강화합니다), (2) 끊임없이 보리심의 힘을 증장하는 것 (날마다 그것을 여섯 번 일으키는 것 같은 방식으로), (3) 무슨 이유로든지 어떤 중생에 대해서도 보리심을 버리지 않는 것, 그리고 (4) 복덕과 지혜 모으기를 증가시키는 것.

**(1) 보리심의 이익들**

보리심의 이익은 불가사의합니다. 이 점에 대해 어느 경전은 이렇게 설합니다:

> 어떤 사람이 보리심을 일으키면 즉시
> 윤회의 감옥에 묶여있는 모든 중생들은
> 그가 부처님들의 자식이 되었다고 칭찬하고
> 그는 인간과 신들에게 숭배의 대상이 되네.

보리심을 일으키는 수행자들은 인간과 신들을 포함한 세상의 모든 존재들의 존경의 대상이 됩니다. 법맥의 관점에서 보면, 이들은 즉시 성문과 연각 수행자들 둘 다 능가합니다. 그 순간부터 작은 선업도 큰 결과를 가져옵니다. 우리는 더 이상 악도에 환생할 업의 원인들을 쌓지 않으며, 과거에 만들어진 그런 업의 씨앗들은 힘을 잃기 시작합니다. 이때부터 모든 활동은 선도에 환생할 원인이 되고, 과거에 만들어진 그런 업의 씨앗의 힘은 높은 것으로부터 더 높아집니다.

보리심의 공덕은 어떤 것일까요? 만일 그것이 형태를 갖는다면 온 허공도 그것을 담을 수가 없을 것입니다. 그것의 공덕은 우주를 칠보로 채우고 그것들을 부처님들에게 공양 올리는 공덕보다 더 큽니다. 왜냐하면 종국에 가서 그것은 비길 데 없는, 완전한 깨달음, 붓다의 경지 자체를 가져오기 때문입니다. *수바후청문경*(The Sutra Requested by Subahu)에 설해져 있듯이,

> 보리심의 공덕이 물리적인
> 형태를 갖는다면,
> 모든 허공을 채우고도
> 남을 것이다.

**(2) 보리심의 힘을 증장하기**

여기에는 두 가지 수행이 있습니다: (a) 보리심을 버리는 것을 막는 방법들을 기르는 것과 (2) 실제로 그것을 증장하는 방법들을 기르는 것.

a. 보리심을 버리지 못하게 막는 방법들

부처님들과 보살님들, 스승 앞에서 모든 중생들에게 이익을 주기 위해 깨달음을 성취하겠다는 서약을 했으므로, 그 후에 이 서약을 버리지 마십시오. 무수한 중생들과 그들의 거친 행동방식, 해야 할 무한한 행위, 그 행위 등의 강도와 지속기간 등을 보고 겁이 났다는 이유로. 약한 마음을 갖고 이렇게 생각하지 마십시오, "어떻게 내가 모든 중생들에 대한 책임을 질 생각을 할 수 있을까?" 기억하십시오, 보리심 서약을 버리는 것은 승려가 자신의 근본 서약 중의 하나를 깨뜨리는 것이 초래하는 것보다 더 무거운 업의 결과를 가져온다는 것을. 그것은 악도 환생으로 인도합니다. 이 점에 대해 어느 경전은 설합니다.

> 보리심 서약(버리는 것)은 (승려가 깨뜨리는)
> 근본 계율보다 더 무겁네.

그리고 또한,

> 어떤 사람이 주겠다고 마음으로 결정했다기
> 단지 어떤 작고 흔한 물건이라도
> 그것을 아무에게도 주지 않으면
> 그는 아귀로 다시 태어난다.

> 그러므로 청정한 생각으로 우리가 모든 중생들을
> 비길 데 없는 깨달음의 기쁨의 향연으로
> 초대해놓고, 우리가 그들을 속이면, 어떻게 우리들
> 자신이 행복을 성취하리라 기대할 수 있으랴?

이런 생각에서 힘을 찾으십시오, "내가 보리심을 기를 수 있다면 얼마나 좋으랴!" 그러고는 수많은 경전에서 되풀이해서 강조하듯이, 보리심이 당신 안에서 약해지게 내버려두지 마십시오.

(b) 보리심을 증장하기 위한 방법들을 이용하기

보리심 서약이 퇴보하는 것을 단지 감시하는 것만으로는 충분하지 않습니다. 우리는 또한 노력해서 그것의 힘을 증장시켜야 합니다. 왜냐하면 우리는 낮에 세 번 그리고 밤에 세 번 보리심을 일으키라는 충고를 받기 때문입니다. 이것을 하기 위한 여러 가지 방법들이 있는데, 이 가운데 하나는 위에서 설명한 다소 복잡한 의례입니다. 그러나 만일 이것이 당신에게 너무 긴 수행이라면, 시방의 부처님들과 보살님들을 관상하고, 그들에게 공양을 올리고 나서 다음 게송을 낭송하는 것으로 충분합니다.

> 부처님들과 다르마와 최상의 공동체(승가)에
> 저는 귀의합니다, 깨달음을 성취할 때까지.
> 육바라밀 수행으로 모든 중생들을 위해
> 제가 붓다의 경지를 얻게 하소서.

### (3) 누구에게도 보리심을 버리지 않기

어떤 특정한 사람들을 자심과 비심에 대한 당신의 명상으로부터 제외하여 보리심 서약을 약화시키지 마십시오, 단지 그들이 당신에게 불쾌하게 행동했다는 이유로, 이렇게 생각하면서, "나는 절대로 저 사람을 돕기 위해서 아무것도 안 할 거야."

### (4) 복덕과 지혜 축적을 증가하기

이것을 성취하는 방법은 위에서 논의한, (부처님들과 보살님들에게 공양을 올리는 것과 공성에 대한 명상 같은) 다양한 방법들입니다.

## B) 미래 생에서 보살 서약과 헤어지지 않는 원인들 기르기

이것은 두 가지 제목 아래 다루어집니다: (1) 네 가지 검은 다르마 버리기(이것은 보리심을 약화시킵니다)와 (2) 네 가지 하얀 다르마 기르기(이것은 보리심의 약화를 막아줍니다).

### (1) 네 검은 다르마 버리기

성인(聖人)들을 속이는 것(자신의 계사나 수행의 스승 같은 분들을 거짓말 등으로), 다른 수행자들을 후회하게 만드는 것(그것을 원하지 않는데도), 대승에 들어온 분들에게 화를 내고 나쁘게 말하는 것, 어떤 중생과 거짓되고 기만적인 행동을 하는 것(예를 들어, 어떤 것을 보시받기 위해 그것이 필요한 척 하는 것).

### (2) 길러야 할 네 가지 하얀 다르마

1) 누구에게든지, 농담으로조차, 거짓말 하지 않는 것, 2) 진지한 의도에 기반을 둔 행동을 하고, 위선에서 벗어나는 것, 3) 대승의 보살 수행자들을 완전히 성취한 부처님들로 간주하며, 시방에 걸쳐 그들을 찬양하는 것, 4) 성숙시켜야 할 분들을 개인적으로 비길 데 없는 깨달음의 단계에 올려놓으려고 결심하는 것.

## 3. 보살 서약을 회복하는 방법들

어떤 스승들은 주장합니다. 우리가 보살 서약을 약화시키는 검은 다르마를 짓거나, 마음으로 어떤 개별적인 중생에 대해 포기하거나, "나는 중생들의 이익을 위해 일할 수 없다"는 생각을 일으키거나, 아직 명상 시간이 끝나지 않았다면, 이것은 단지 보살 서약이 약간 약화되는 원인일 뿐이라고. 보리심이 실제로 버려진 것은 아니므로, 그것을 다시 일으키기 위한 의례가 필요 없습니다. 명상 세션 전체가 지나간 경우에만 그것은 버려진 것이므로 의례를 행할 필요가 있습니다.

그러나 우리의 전통에서는 보리심 서약은 버려졌다고 합니다(이들 검은 다르마를 기반으로 서가 아니라) 우리가 이런 생각을 하자마자, "나는 중생들의 이익을 위해 일할 수 없습니다." 그러므로 보리심 서약을 하기 위한 의례를 이 시점에서 행해야 합니다.

보살 정신을 약화시키는 네 가지 검은 다르마에 대해서 말한다면, 이들은 이생에서 보리심 서약을 버리는 원인들이 아닙니다. 사실, 그들은 우리가 미래 생에서 그것과 헤어지게 만드는 원인들입니다. 그럼에도 불구하고, 그들은 처음부터 피해야 합니다.

# II. 궁극적인 보리심 기르기

원전은 설합니다,

> When proficiency is attained,
> Teach the secret (methods).

> (관습적인 보리심 수행에) 숙달되면,
> 비밀 (방법들)을 가르쳐라.

위에서 말했듯이, 피수련자가 관습적인 보리심 수행에서 안정을 얻었을 때, 그에게 공성에 대한 명상 방법들을 가르쳐야 합니다. 사실 이 주제(공성)는 고유한 존재가 있다고 집착하는(믿는) 사람들에게는 가르치지 않습니다. 피수련자는 이제 이들 명상을 해야 합니다.

어떻게 우리는 공성에 대해 명상할까요? 이것은 중관(中觀) 지침들로 알려져 있는 지침들로부터 자세히 공부할 수 있습니다. 원전은 이 방법들의 핵심을 이렇게 지적해줍니다,

> Consider how all phenomena are like dreams,
> And examine the nature of unborn awareness.
> The opponent is freed on its own ground.
> Place the essence of the path
> In the sphere of the foundation of all.

어떻게 모든 현상(법法)이 꿈과 같은지 사유하라. [법공法空]
그리고 태어나지 않은 의식(마음)의 성품을 조사하라. [아공我空]
대치법(공성)은 자신의 터전에서 해방된다. [공공空空]
이 길의 핵심을 모든 것의 기반의 영역에 두라. [도의 핵심=공성]

산과 집, 남자와 여자들이 실재하는 것처럼 보이지만, 이들은 실재하지 않습니다. 이들은 꿈에서 본 산과 사람들과 같습니다.

외적인 대상들이 실재하지 않는다는 것을 당신은 받아들일 수 있으나, 그 대상들을 인식하는 마음은 실재한다고 생각합니다. 그러나 우리가 마음의 성품을 조사해보면 우리는 곧 알게 됩니다, 이것 역시 실재하지 않는 다는 것을. 왜냐하면 그것은 궁극적인 의미에서 태어난 적이 없기 때문입니다. 자기도 남들도 이들 둘 다도 각각의 원인들이 없이는 발생되지 않습니다. (따라서 그들은 의존적이지, '궁극적'이거나 '독립적' 현상이 아닙니다).

어쩌면 당신은 알 수 있을 것입니다, 대상과 의식(마음)이 실재하지 않는다는 것을. 그러나 생각합니다, 반대의 힘(대치법), 대상과 의식이 실재하지 않음을 인식하는 그 지혜 자체는 실재한다고. 이것 역시 실재하지 않습니다, 왜냐하면 대상과 의식은 둘 다 실재하지 않는 것으로 보이기 때문입니다. 그리고 , '대상과 의식'이라는 이중적인 제목 안에 포함되지 않고, 이들 두 범주 중의 하나 밑에 포함되지 잃는 현상(대치법을 포함해서)은 아무것도 없습니다. 이것을 이해하면, 대치법이 실재한다고 믿는 마음은 자신의 터전에서 해방됩니다(사라집니다).

우리는 어디에 자신의 수행의 핵심을 두어야 할까요? 그것은 모든 것의 기반, 공성의 영역에 두어야 합니다. 공성이 '모든 것의 기반'이라 불리는 이유는 그것이 윤회와 열반에서 모든 것의 기반이라는 것입니다. 공성을 이해하지 못하는 사람들은 계속해서 윤회하게 되고, 그것을 이해하는 분들은 윤회로부터 해방됩니다.

일부 학자들은 주장합니다. 이 행(line)이 가리키는 것은 깨달음의 길의 성격을 '기반적인 의식'(alaya vijnana) (문자 그대로, '의식은 모든 것의 기반입니다') 위에 세워야 한다고. 이 개념은, 인도 불교 사상의 유식학파로부터 빌려온 것인데, 일반적으로 받아들여지는 여섯 가지 의식(다섯 가지 감각적인 의식과 비감각적인 마음의 의식)의 어느 것과도 다른 '여덟째 의식'이 존재한다는 것입니다. 그들의 체계에서, 일곱 번째 의식(말나식)은 왜곡하는 개념적인 마음의 요소이고, 따라서 초월해야 합니다.

그러나 원전의 이 행을 그런 식으로 해석하는 것과 관련된 철학적인 문제들이 있습니다.

첫째, 그들의 '기반적인 의식'은 깨달음의 길의 성격에서 일으켜질 수 없습니다. 이 '기반적인 의식'의 존재를 받아들이는 사람들은 주장합니다. (현상을 긍정적인 것과 부정적인 것, 분류되지 않은 것 셋으로 분류할 때) 그것은 분류되지 않은 현상이라고. 그러나 그들은 깨달음의 길을 전적으로 긍정적인 현상으로 분류합니다.

둘째, 깨달음의 길에 대한 이해는 기반적인 의식과 연결 지을 수 없습니다. 왜냐하면 현실의 관습적인 수준(속제)은 공성을 인식하는 과정 안에 있는 깨달음의 길의 이해의 틀 안에 나타나지 않기 때문입니다.

원전은 다음에 이렇게 설합니다.

In the post-meditation periods,
Be like an illusory being.

명상 후의 기간에는
환영(幻影) 같은 존재와 같아져라.

명상 방석으로부터 일어난 시간에, 그리고 의식과 대상이 실재하는 것처럼 보일 때, 이런 생각에 대해 명상하십시오, "그들은 (실제로) 존재하는 것처럼 보이나, 그들은 환영과 같고, 꿈속에서 본 대상들과 같다."

요점 3

# 부정적인 조건들을 깨달음의 길에서 친구로 전환하기

부정적인 상황들을 깨달음의 가지(limbs)로 전환하는 것은 두 가지 면에서 다루어집니다, (Ⅰ) 관습적인 보리심에 대한 사유에 집중하는 방법으로 그렇게 하는 것과 (Ⅱ) 궁극적인 보리심에 대한 사유에 집중하는 방법으로 그렇게 하는 것.

# I. 관습적인 보리심에 대한 사유에 집중하기

여기서 원전은 이렇게 우리들에게 충고합니다.

> Place all the blame upon one thing alone;
> And meditate upon kindness for all.
>
> 모든 비난은 한 가지에만 두어라;
> 그리고 모두를 위한 친절에 대해 명상하라.

인간과 비인간, 나쁜 세력 등으로부터 이유 없는 공격 같은 외적인 어려움들이나 질병, 왜곡된 감정(번뇌) 등과 같은 내적인 어려움들이 나타날 때마다, 남들을 비난하지 마십시오. 사실, 비난해야 하는 것은 바로 자기-중시 태도입니다.

이렇게 생각하십시오, "이 자기-중시 태도가 무시이래로 나에게 무수한 고통을 겪게 만드는 원인이었다. 지금도 그것은 계속해서 나를 한없는 고통과 불쾌함 속으로 끌어들이고 있다. 그러니 만일 내가 그것을 초월하지 않으면, 그것은 계속해서 나에게 끝없는 고통을 가져올 것이다. 그러므로 나는 가능한 모든 노력을 해서 그것을 초월해야 한다."

당신에게 어려움을 주는 중생들에 대해 당신은 다음과 같이 생각해야 합니다:

"무시이래 나의 무수한 과거의 환생에서 중생 한 분, 한 분은 나에게 어머니 역할을 했다, 단 한 번이 아니라 여러 번. 그때 그는 나에게 어머니가 자식에게 주는 모든 이익을 주었으며, 나에게 해를 줄 수 있는 모든 것으로부터 나를 보호하는 큰 친절을 보여주었다. 특히, 지금 나에게 어려움을 주는 이 사람도 무시이래 많은 환생에서 나에게 어머니 역할을 했다, 단 한 번이 아니라 여러 번. 그때 그는 나에게 어머니가 자식에게 주는 모든 이익을 주었으며, 나에게 해를 줄 수 있는 모든 것으로부터 나를 보호하는 큰 친절을 보여주었다.

"나를 보호하려는 노력으로 인해 그는 많은 몸과 말, 마음의 악업을 지었고, 그 결과 지금도 그 업의 결과를 좌절과 고통으로 계속해서 겪는다. 더욱이, 현재 그는 출생과 중유, 환생으로 인한 혼란 때문에 우리들의 업적인 관계의 가까움을 인식하지 못한다. 그리고 나의 악업 때문에 그는 지금 나에게 해를 주고 있는데, 이로 인해 그는 자기 자신의 미래의 고통을 위한 더 많은 업의 원인들을 만들고 있다. 나는 그를 생각한다.

"이 불운한 분이 모든 행복을 갖고 모든 고통으로부터 해방되소서. 이런 이유로 나는 깨달음을 성취할 것이다. 그런데 깨달음을 성취하려는 나의 노력에서 나를 해치는 이 분은 놀라운 도우미로서, 내가 자심과 비심, 보리심에 대해 명상하는 것을 도와준다."

이런 식으로 사유하면서, 어려움에 불쾌해하지 않을 뿐만 아니라 실제로 거기에서 기쁨을 얻는 마음을 개발하십시오.

## Ⅱ. 궁극적인 보리심에 사유를 집중하기

궁극적인 보리심에 대한 명상에 의해 부정적인 상황들을 깨달음의 가지로 전환하는 방법은 다음과 같습니다.

인간이나 비인간들로부터 외적인 어려움이나, 질병이나 시달리는 감정(번뇌) 같은 내적인 어려움이 일어날 때, 이렇게 사유합니다, "이것들은 나의 미혹으로 인해 나에게 나타날 뿐이야. 사실 이들은 실재하지 않는다." 이 사정을 깊이 조사하고 물어보십시오, 어떻게 그 일이 처음에 발생되었고, 어떻게 그것이 중간에 머무르며, 어떻게 끝에 존재하지 않게 되는지.

처음에 그것이 실제로 아무것으로부터 발생되지 않았다는 진실이 무생의 진실 몸(법신法身Dharmakaya)이고, 끝에 그것은 존재하는 것을 그칠(멸할) 원인이 없습니다. 이 진실이 무멸의 복(福)의 몸(보신報身Sambhogakaya)입니다. 무생(無生)과 그리고 (따라서) 무멸(無滅)의 진실은 무주(無住)의 진실을 가리킵니다. 이것이 무주의 화현 몸(화신化身Nirmanakaya)입니다. 그리고 이 탄생과 머뭄과 소멸로부터 분리가 본성 몸(자성신自性身Svabhavikakaya)입니다.

이런 식으로 명상하십시오, 어떻게 모든 현상, 특히 해와 가해자와 피해자 모두 실재하지 않는지. 이 명상은 모든 해로부터 최상의 보호를 제공합니다. 이 점에 대해 어느 딴뜨라 경전이 설합니다,

> 공성에 대한 앎이 최상의 보호자이니,
> 이것만 있으면 다른 보호 필요 없네.

그리고 또한,

> 우리가 공성에 대해 명상할 때,
> 염라대왕조차 들어오지 못하네.

심지어 공성에 대해 바르게 이해하지 못하고 명상하는 것, 그리고 주의를 공성에 집중하는 것만으로도 우리는 해를 끼치는 자들로부터 덜 눈이 띄게 됩니다. 이 위의 가르침에 대해 원전은 이렇게 설합니다.

> Meditate that all confused appearances
> Are the four pristine Buddhakayas.
> Emptiness is the supreme protector.
>
> **명상하라**, 미혹으로 인해 나타나 보이는 모든 것들이
> 네 가지 본래의 부처님의 몸이라는 것을.
> 공성이 최상의 보호자다.

# 일생을 위한 수행 교리

모든 핵심적인 수행들을 모아서 일생에서 체계적이고 효과적인 수행으로 조직하는 교리는 원전에 다음과 같이 주어져 있습니다.

> Apply yourself to the five powers.
> 다섯 가지 힘에 열중하라.

다시 말해, 모든 수행은 다섯 가지 힘과 연결되어야 합니다:
(1) 하얀 씨앗의 힘, (2) 결의의 힘, (3) 초월의 힘, (4) 친숙의 힘, 그리고 (5) 서원의 힘.

### (1) 하얀 씨앗의 힘

여기서 몸과 말, 마음에 의해 발생되는 모든 창조적인 에너지(공덕)가 회향되는 것은 다음 목적입니다. 어떤 수준의 두 보리심이든지 아직 일으켜지지 않은 것은 일으켜지고, 어떤 수준의 두 보리심이든지 성취된(일으켜진) 것은 약해지거나 상실되지 말라는 것입니다.

### (2) 결의의 힘

다음과 같이 결의합니다. "지금부터 깨달음이 성취될 때까지 모든 중생들이 행복에 머무소서. 모든 중생들이 고통으로부터 해방되소서. 모든 중생들의 이익을 위해 나 자신이 완전한 붓다의 수승한 경지를 성취할 것이다."

또한, 이렇게 생각하십시오, "자기-중시는 모든 고통과 불쾌의 근원이다. 나는 이것을 초월할 것이다."

### (3) 초월의 힘

우리는 이런 태도를 기릅니다, "무시이래로 이 자기-중시는 한없는 고통을 내가 겪게 만들어왔다. 그리고 그것은 계속해서 그렇게 할 것이다, 내가 그것을 초월하지 않는 한."

자기-중시의 영향 때문에 다수의 수행자들이 배움과 상냥함, 명상하는 노력과 지식으로 유명하지만 그럼에도 불구하고 번뇌에 빠집니다. 그 결과 그들은 자신들보다 더 높은 수행자들에 대해서는 질투를, 더 낮은 수행자들에 대해서는 경멸을, 그리고 같은 수준에 있는 분들에게는 경쟁심을 갖습니다. 그 결과 그들은 얼마나 많이 다르마 방법에 열중하든지 간에 그들은 해탈의 정신에 조금도 더 가까운 것 같아 보이지 않습니다. 그들은 결국 돌아다니면서 자기들의 머리가 다른 어느 누구보다도 약간 더 높이 오르고, 자기들이 남들보다 더 많은 지역을 돌아다니며, 자기들이 다른 모든 사람들과 아무튼 구별된다고 생각할 뿐입니다. 그 결과 그들은 어딜 가든지 거의 환영 받지 못하며, 누구와 함께 가든지 그들은 언제나 악의와 갈등을 만나는 것 같습니다. 그러니 이렇게 결심하십시오, "나는 이 자기-중시 버릇을 초월할 것이다."

### (4) 친숙의 힘

이 힘을 기른다는 것이 뜻하는 것은, 앞에서 설명한 대로, 전행과 본행, 종결 과정에 따라 끊임없이 두 보리심에 대해 명상하는 것입니다.

### (5) 서원의 힘

여기에 포함되는 활동은 삼보에 공양 올리는 것과 호법존들에게 의례를 행하고 나서 이렇게 기도하는 것입니다. "이생에서, 죽을 때, 바르도(bardo)에서, 다음 생에서, 그리고 모든 미래 생에서 두 가지 보리심의 힘이 저의 안에서 약해지지 않고, 끊임없이 증장하는 힘을 갖고 나타나게 하소서. 어려운 상황이니 고충이 일어나면, 제가 이것늘을 두 보리심을 기르는 데에 친구로 받아들이게 하소서. 제가 언제나 이 수승한 도(道)를 가르치는 스승들과 만나게 하소서." 이 서원을 모든 수행 활동을 종결할 때 올리십시오.

어떻게 이 대승 로종 가르침의 수행자는 죽음이 올 때 해야 할까요? 그는 다섯 가지 힘을 이용하는 대승 구두 전통 방법을 이용해야 합니다. 원전이 설합니다.

> The Mahayana oral tradition for transference
> Is to cherish the path of the five forces.
>
> 의식전이를 위한 대승 구두 전통은
> 다섯 가지 힘의 길을 소중히 여기는 것이다.

여기 다섯 가지 힘의 이름은 위에서 설명한 다섯 가지 힘과 같습니다. 비록 순서와 해석은 다소 다르지만. 여기 그 다섯의 순서는 다음과 같습니다: (1) 하얀 씨앗의 힘, (2) 서원의 힘, (3) 초월의 힘, (4) 결의의 힘, 그리고 (5) 친숙의 힘. 이들에 대한 설명은 다음과 같습니다.

### (1) 하얀 씨앗의 힘

죽음의 시간이 가까이 다가오면 당신은 재산과 소유물들을 건전한 (자선) 단체에 주어야 합니다. 그러고는 당신이 일생동안 지은 거친 악업을 기억하고 정화하십시오. 삼보 귀의에 대해 명상하고 보리심을 일으키고, 그러고는 당신이 일생동안 길러온 수행의 목표와 가치에 대한 당신의 약속을 재확인하십시오.

### (2) 서원의 힘

이 둘째 힘은 앞에서 설명한 것과 같은 방법으로 이용합니다.

**(3) 초월의 힘**

초월의 힘을 이용하기 위해 우리는 이런 생각에 대해 사유합니다, "무시이래로 이 자기-중시 태도가 나에게 가져온 것은 고통뿐이다. 그것은 좌절과 불안만 일으켰을 뿐이다. 그리고 만일 내가 이것을 초월하지 않으면, 이것은 계속해서 슬픔과 아픔을 자져올 것이다. 나는 몸과 마음에 대한 모든 애착으로부터 벗어나고, 자기-중시라는 이 적을 초월해야 한다."

**(4) 결의의 힘**

여기서 결의의 힘을 작동하게 하는 것은 이런 생각에 대한 사유입니다. "지금부터 나는 두 보리심에 대해 끊임없이 명상할 것이다. 그러면 바르도(bardo)에서 나는 마음의 정광명(淨光明 clear light)을 깨닫고 그것을 법신으로 전환할 것이다. 그리고 남들의 이익을 위해 나는 자연발생적으로 붓다의 수승한 형상 몸(색신色身Rupakaya)으로 나타날 것이다."

**(5) 친숙의 힘**

실제 죽음의 순간이 가까이 오면 오른 쪽으로 눕고, 오른 팔은 접어 당신의 몸 곁에 둡니다. 오른 콧구멍은 당신의 오른 손 반지 손가락으로 막아서, 숨이 왼쪽 콧구멍을 통해 통과하게 합니다. 당신의 몸 등에 대한 애착을 끊고 다가오는 죽음이 출현에 겁을 먹지 마십시오, 마치 아들이 여러 해 동안 집을 떠났다가 기쁜 마음으로 자기 아버지의 집으로 돌아오는 것처럼. 마음은 숨이 오고 감에 두고, '보내기와 받기'의 로종 전통에 따라 명사하십시오. 관상하십시오. 숨을 내쉬면서 기쁨과 행복을 모든 중생들에게 보내고, 숨을 들이쉬면서 그들로부터 모든 그들의 좌절과 아픔을 받아들이십시오.

다음에는 상상합니다. 세계와 그 주민들이 모두 녹아 공(空) 속으로 들어갑니다. 명상하십시오, 어떻게 모든 현상이 실재하지 않는지, 특히 어떻게 삶과 죽음이 실재하지 않는지. 그러고는 기억하십시오, 어떻게 단 하나의 현상도 실제로 존재하지 않지만, 그럼에도 불구하고 모든 중생들은 모든 것이 실재한다고 믿고, 그 결과 고통을 겪는지. 그들에게 비심을 일으키고, '보내기와 받기'의 방법에 따라 명상하십시오.

세상을 떠날 때는 자비와 지혜가 결합된 이 명상의 영역 안에 머무십시오.

# 마음이 수련되었다는 척도

원전이 설합니다,

> All Dharmas condense into one intent.
> (To measure your spiritual development,)
> Hold to the chief of the two witnesses.
>
> 모든 다르마는 한 가지 취지로 압축된다.
> (당신의 수행의 발전을 측정하는 것,)
> 두 가지 증인 중에서 주가 되는 것에 매달려라.

여기서 말하듯이, 깨달으신 분들의 모든 가르침은 다만 한 가지 목적을 갖고 있는데, 그것은 자아가 실재한다고 믿는 습관, 자아-집착(아집我執)을 길들이는 것입니다. 우리들의 이른바 다르마 수행이 우리들에게서 자아-집착을 고쳐주는 정도가 곧 우리들의 수행이 성숙하고 있는지, 우리가 실제로 다르마를 실천하고 있는지 아닌지를 결정해줍니다. 우리들의 학습과 실천이 아집의 치료제가 되었을 때, 그것은 적어도 기본적인 정도의 성숙에 도달한 것입니다.

어떤 증인이 우리의 자아-집착이 길들여진 정도를 알아볼 수 있을까요? 물론 다른 중생들이 우리들의 수행의 발전에 대한 증인 역할을 할 수 있고, 그들은 우리들의 발전에 관한 일부 증표를 인식할 수 있습니다. 그러나 그들은 제일가는 증인들이 아닙니다. 왜냐하면 그들은 우리들의 생각을 알 수 없기 때문입니다. 어쩌면 그들은 우리들을 과대평가할 수 있습니다. 단지 우리들의 어떤 행동방식이 그들의 마음에 드는 것 같기 때문에 말입니다.

우리가 우리들 자신의 최선의 증인입니다. 우리는 단지 우리들 자신의 내면을 바라보고 점검해보면 됩니다. 우리들의 자아-집착이 큰지 작은지. 자신의 발전의 수준을 결정하기 위해 조사할 또 하나의 기본적인 요소는 원전에 다음과 같이 설해져 있습니다.

> The mind constantly relies upon joy alone.
> 마음이 항상 기쁨에만 의지한다.

이 수행에서 성숙의 진정한 증표는 자신의 내면의 기쁨입니다. 우리가 일어나는 모든 장애와 불쾌함을 두 보리심의 개발에 도와주기 위해 온 친구로 간주하고, 끊임없는 기쁨의 흐름으로부터 벗어나지 않게 되는 마음을 갖고 이것을 할 수 있을 때, 이 수행에서 성숙에 도달한 것입니다. 원전이 십니다.

> If there is an ability even when distracted,
> This too is a sign of progress.
>
> 마음이 딴 곳으로 갔을 때조차 그렇게 할 수 있다면
> 이것 역시 발전의 증표다.

능숙하게 말을 잘 타는 사람은 달리면서도 말에서 떨어지지 않을 수 있습니다. 돌발적인 움직임이 일어나더라도. 마찬가지로, 예기치 않은 곳으로부터 도전, 예를 들어 공격이나 모욕, 비난과 굴욕적인 만남 같은 어려움이 우리에게 찾아올 때, 만일 그들을 우리가

두 보리심을 개발하는 데 도와주려고 온 친구들로 받아들일 수 있다면, 이것은 진전이 이루어졌다는 증표입니다.

원전은 이렇게 설합니다,

> The measure of the training is read from its reverse.
> 이 수련의 척도는 그것의 역으로부터 읽으면 된다.

이 수행의 길을 따라 진전이 이루어진 정도는 이 길의 성격과 반대되는 요소들의 나타남의 강렬함의 역(반대)입니다. 예를 들어, 팔유가와 십원만을 갖춘 인생의 소중함에 대한 자신의 명상의 성공의 척도는 서원과 이 비범한 환생이 제공하는 기회에 수행의 핵심을 성취하려는 노력의 결핍의 반대입니다. [서원과 노력이 많을수록 그만큼 많이 성장했고, 서언과 노력이 적을수록 그만큼 실패했다는 뜻입니다.]

마찬가지로, 공성에 대한 명상에서 자신의 수행의 척도를 결정할 수 있는 것은 실재에 대한 집착(실집實執)이 나타나는 수준의 반대를 계산해보는 것입니다. [실집이 클수록 수행 수준이 낮고, 실집이 작을수록 수행 수준이 높다는 뜻임.] 이 길에서 마음을 완전히 수련했다는 것을 보여주는 확실한 증표들은 무엇일까요? 원전은 이렇게 설합니다,

> There are five signs of accomplishment.
> 성취에 대한 다섯 가지 증표들이 있다.

이 다섯은 다음과 같습니다: 1) 우리는 대보살이 됩니다. 그래서 우리는 로종 수행을 통해서 어떤 도전과 불쾌함이 일어나도 두 보리

심에 대한 자신의 명상이 약해지지 않는 방식으로 받아들일 수 있습니다. 2) 우리는 자제력의 대가가 될 수 있습니다. 원인과 결과의 까르마 법의 거친 수준과 섬세한 수준을 확인했으므로, 자기 자신을 보호하여 이 수행의 사소한 위반에 의해서조차 물들지 않게 합니다. 3) 우리는 위대한 고행자가 되어, 어떤 어려움과 불쾌한 상황이 일어나도 받아들이며 인내할 수 있습니다. 4) 우리는 위대한 수행자가 되어, 우리들의 몸과 말, 마음은 언제나 깨달음의 길에 집중합니다. 5) 우리는 위대한 요기(yogi)가 되어, 우리들의 마음은 모든 깨달음 가르침에 의해 표현된 주요 태도와 결합되었습니다. 이들 증표를 낳는 수단은 무엇일까요? 원전은 이렇게 설합니다,

The supreme method of four applications
Is superior to any other excellence.

**네 가지 열중이라는 최상의 방법은
다른 어떤 탁월한 것보다 더 낫다.**

이들 증표들이 일어나게 하기 위해 우리는 네 가지 열중을 가진 방법을 이용해야합니다.

첫째 열중은 모든 상황에서 다르마를 실천하려고 노력하는 것입니다. 어떤 어려움이나 도전이 일어나더라도 마음은 다르마 실천에 집중하고, 오늘의 수행의 강도는 어제의 것을 능가하고, 오늘 저녁의 그것은 오늘 아침의 것을 능가하게 의도해야 합니다.

둘째 열중은 위의 것이 길리짐에 따라, 우리가 열중해야 하는 것은 두 보리심에 대해 명상하려는 생각과, 축적과 정화의 다양한 수단에 대한 행동입니다.

셋째, 유리한 조건들이 익어서 우리가 기쁨을 경험할 때마다, 그리고 그 기쁨에 대한 갈망이 일어날 때, 우리가 기억해야 하는 것은 모든 다른 중생들도 행복만 경험하길 갈망한다는 것입니다. 당신 자신의 기쁨을 모든 중생들에게 주는 것에 대해 명상하십시오. 모든 중생들이 행복에 놓아졌다고 상상하십시오. 행복에 대한 이 갈망이 보여주는 것은 우리가 모든 행복의 원인, 선업에 열중해야 한다는 것입니다. 그러므로 이 셋째 열중이 집중하는 것은 긍정적인 업의 에너지(선업)를 모으는 것입니다.

넷째, 행복만 경험하고 고통이나 아픔은 경험하지 않으려는 이 갈망이 보여주는 것은 우리가 모든 고통의 원인, 악업을 초월하고, 네 가지 대치법으로 악업의 씨앗을 마음에서 정화해야 한다는 것입니다.

어떤 고통이나 어려움이 우리들의 마음의 흐름 안에 일어날 때 우리가 기억해야 하는 것은 모든 다른 중생들도 마찬가지로 고통은 원하지 않는다는 것입니다. 당신 자신이 모든 중생들의 고통을 떠안는 데 대해 명상하고, 그들이 모두 고통에서 해방됐다고 관상하십시오.

원치 않는 고통이 보여주는 것은 우리가 악업을 초월하려고 노력하고 네 가지 대치법으로 마음에서 악업의 씨앗을 씻어내야 한다는 것입니다. 또한 그것이 보여주는 것은, 우리가 행복 안에 머물기를 바라므로, 우리는 행복의 원인, 선업을 성취하는 방법들에 열중해야 하고, 건전한 성신력을 쌓기 위해 노력해야 한다는 것입니다.

깨달음의 길에서 마음을 수련하는 이 방법은 특히 드높은 것입니다, 왜냐하면 이것 덕에 수행자들은 일어나는 고통과 어려움을 두 보리심을 개발하는 데 친구로 삼을 수 있기 때문입니다.

요점 6

# 이 마음 수련 가르침의 계율

원전이 설합니다,

> Constantly train in the three general points.
> 끊임없이 세 가지 전반적인 요점에 대해 수련하라.

이들은 다음과 같습니다: (1) 전반적인 로종의 가르침에 어긋나는 태도를 갖지 않는 것, (2) 로종 가르침을 헛된 목적을 위해 이용하지 않는 것, 그리고 (3) 로종 가르침을 편파적으로 이용하지 않는 것.

첫째 요점은 로종 가르침의 어떤 면을 무시하지 않는 것인데, 무시하는 이유는 로종에 대한 잘못된 태도 때문입니다. 예를 들어 이렇게 생각하는 것입니다, "나는 로종 가르침에 대해 명상할 수 있고, 그것이 내가 할 필요가 있는 것 전부야. 나는 다른 수행은 할 필요가 없어, 예를 들어, 절하는 것과 탑돌이, 경전과 만뜨라 낭송 같은 것들 말이야."

둘째 요점은 로종 가르침의 태도에 절대로 어긋나는 태도를 갖지 않는 것입니다. 귀의에 대한 명상으로부터 가장 높은 딴뜨라의 비밀 요가에 이르기까지, 다양한 수준과 면의 수행을 할 때 말입니다.

셋째 요점은 로종 가르침을 편파적으로 이용하지 않는 것입니다. 한 가지 예를 들면, 비인간들로 인한 해는 인내하나 인간들로 인한 해는 그렇게 하지 않거나, 인간들로 인한 해는 인내하나 비인간들로 인한 해는 그렇게 하지 않는 것입니다. 또 하나의 예는 위대한 분들은 존경으로 대하나, 그보다 못한 분들에 대해서는 깔보는 태도로 대하는 것입니다. 혹은 일부 사람들에게는 자비를 보여주나, 남들에게는 미움을 보여주는 것입니다. 마음을 수련해서 이런 편파적인 방향으로 가지 말아야 합니다.

다음 계율에 관해 원전은 이렇게 설합니다.

> Meditate on the three unmitigated qualities.
> 세 가지 완전한 특징들에 대해 명상하라.

이들 중 첫째는 수행의 스승님에 대한 완전한 존중입니다. 자신의 스승은 대승의 길에서 자신의 진전의 뿌리입니다. 그러므로 그를 실제의 붓다로 인식하는 것에 대해 명상하십시오.

둘째, 이 로종 전통은 대승의 길의 바로 핵심입니다. 이것을 수행할 때는, 완전한 기쁨을 갖고 명상(수행)해야 합니다.

셋째, 우리는 우리가 채택한 계율과 서약을 유지하는 데 대한 완전한 억념(mindfulness)을 갖고 명상해야 합니다.

원전:

> Train in the three difficult practices.
> 세 가지 어려운 수행을 수련하라.

첫째, 왜곡하는 감정(번뇌)이 일어나면, 그것에 맞는 특정한 대치법 명상으로 대응하기는 어렵습니다. 둘째, 특정한 대치법을 이용해도, 그 미혹된 감정(번뇌)의 힘을 되돌려놓기는 어렵습니다. 셋째, 우리가 어떤 경우에 그 미혹을 되돌려놓을 수 있다고 해도, 그것이 미래에 다시 일어나지 않을 수 있도록 하기는 어렵습니다. 친숙의 힘을 이용해서 이들 세 어려운 수행을 행하는 데 도움을 받으십시오.

원전:

> Cultivate the three principal causes.
> 세 가지 주요 원인들을 길러라.

붓다의 경지를 성취하는 데 원인으로 작용하는 요소들은 한이 없지만, 세 가지 주요한 것들이 있습니다.

첫째는 내적인 조건으로, 자신의 마음의 흐름 안에 수행의 가르침 – 유가와 원만으로 축복 받은 인간으로 환생한 소중함과 희귀함에 대한 사유로부터 공성의 의미에 대해 스승님이 가르쳐준 대로 명상하는 것에 이르기까지 – 에 대한 깨달음을 일으킬 능력이 있어야 한다는 것입니다. 둘째와 셋째는 외적인 조건으로, 자격을 갖춘 수행 스승의 보살핌을 받는 것, 그리고 수행에 필요한 음식과 옷, 주거지를 갖는 것입니다.

이들 세 조건이 깨달음의 주요 원인입니다. 우리는 이들이 자신의 존재의 흐름 안에 있는지 점검해봐야 합니다. 이들이 있는 경우에는 잘 이용해서 진지하게 노력하여 붓다의 경지를 성취해야 합니다. 이들 모두가 없는 경우에는, 생각해봐야 합니다. 성불의 완전한 원인들을 갖지 못한 당신과 같은 다른 중생들이 한없이 많이 있다는 것을. '보내기와 받기'를 통해, 그들로부터 모든 그들의 악업과 고통을 받아들이십시오. 그리고 상상하십시오, 이렇게 해서 그들은 모든 고통으로부터 벗어나고 성불에 도움이 되는 모든 조건들을 갖게 된다고.

원전:

> Possess the three inseparables.
> **세 가지 떨어질 수 없는 것들을 가져라.**

첫째는 몸의 수행 활동 - 스승님에게 존경을 보여주고, 절하며, 탑돌이 하는 것 등 - 으로부터 떨어지지 않는 것입니다. 둘째는 말의 수행 활동 - 경전 독송, 진언 암송, 부처님들에게 찬양 게송을 올리는 것 등 - 으로부터 떨어지지 않는 것입니다. 셋째는 마음의 수행 활동 - 두 보리심에 대해 명상하는 것 등 - 으로부터 떨어지지 않는 것입니다.

원전:

> Do not speak about weakened limbs.
> **약해진 사지(약점)에 대해서 말하지 마라.**

아마 우리는 이런 사람들을 알고 있을 것입니다. 세속적인 사람들의 관점에서 볼 때, 눈이 하나 밖에 없거나 귀가 먼 것 같은 신체적인 장애로 고통 받거나, 혹은 수행에서 실패해서 고통을 받거나, 혹은 부도덕해 보이는 등의 사람들을. 이러한 것들을 조롱의 대상으로 만들지 마십시오. 왜냐하면 그렇게 하는 것은 그런 좋지 않은 말을 듣는 사람들의 마음을 불편하게 만들고, 또한 당신 자신의 로종 명상에 장애를 가져오기 때문입니다.

원전:

> Do not judge others.
> 남들을 심판하지 마라.

남들에 대해 이런 말을 하지 마십시오. "저 사람은 전혀 자리를 함께 할 수 없는 사람이야." 로종 수행을 시작한 우리가 남들의 흠을 우리들 자신이 집어내도록 내버려두면, 우리는 로종 수행에 어긋나는 행농을 하는 깃입니다. 남들의 결점을 관찰함 필요가 없고, 남들의 허물에 대해 말하는 것은 수행에 도움이 되지 않습니다. 만일 남들에게서 허물만 보고 싶어 하거나 남들의 허물에 대해 말하고 싶어 하는 생각에 지배받도록 당신 자신을 허용하면, 그런 경우를 로종 수행에 머무르기 위한 방법으로 이용할 길이 없습니다.

그러므로 일반적으로 남들의 허물을 관찰하지도 거기에 대해 말하지도 말아야 합니다. 특히 다르마 수행자들과 대승 수행자 등에 대해서는. 그렇게 하는 것은 많은 불쾌한 것(악업)을 익히는 결과를 가져오고, 자신의 좋은 에너지(선업)의 뿌리를 잘라버리며, 악도 환생의 씨앗을 만듭니다. 우연히 어떤 사람의 단점을 보게 되면,

이렇게 생각하십시오, "이렇게 보이는 것은 나 자신의 청정하지 않은 마음의 반영이야. 어떻게 저 사람이 도대체 그런 허물을 갖고 있을 수 있어?"

원전:

> Engage two practices:
> One at the beginning and one at the end.
>
> 두 가지 수행을 하라:
> 하나는 시작 때, 그리고 하나는 끝에.

아침에 깨어나면 이런 생각을 견고하게 만드십시오, "오늘 나는 나의 어떤 활동도 자기-중시로 물들게 내버려두지 않을 것이다. 나는 남들을 중시하는 생각과 두 보리심으로부터 떨어지지 않을 것이다." 그리고는 이 결의에 매달리십시오, 억념(mindfulness)과 정지正知(alertness)로.

둘째, 밤에 잠자리에 들기 전에 그날 당신의 활동을 되돌아보고 그것들이 그릇된, 비법(非法)(un-Dharmic)적인 요소들로 물들지 않았는지 점검해보십시오. 만일 그렇게 보이는 경우에는, 이렇게 사유해야 합니다, "오늘 나는 이 소중한 인생을 의미 있게 이용하지 못했다. 나는 마치 자기 자신에게 해를 가하는 사람 같다." 뉘우치는 생각을 일으키고 네 가지 대치법을 이용해서 이 잘못을 정화하십시오.

그것들이 자기-중시로 오염되지 않은 경우에는, 기뻐하면서 이런 생각에 대해 명상하십시오, "오늘 나의 삶은 의미 있었다. 이 인간 환생은 수행의 길에서 약간의 진전을 가져왔다." 그리고 이렇게 기도를 올리십시오, "지금부터 이생 내내, 그리고 모든 저의 미래생 내내, 제가 두 보리심에 대한 명상으로부터 떨어지지 않게 해주소서."

원전:

> Maintain patience for whichever of the two arises.
> 그 둘 중에서 어느 것이 일어나든지 인내하라.

 남들로부터의 감탄, 소유물과 재산, 칭찬, 명성과 같은 즐거운 일이 갑자기 자신에게 일어나면, 오만하게 반응하지 마십시오. 대신에, 이런 조건들은, 꿈에 즐기는 일들처럼, 무상하고 실체가 없다(공空)는 점에 대해 명상하고, 이들을 당신의 다르마 수행을 지원해주는 요소들로 받아들이십시오.

반대로, 물조차 당신 밑에서 흘러가지 않는 것 같은 당신의 기분을 너무도 저하시키는 일들이 일어나면, 당신만 그런 어려운 일을 겪는다고 생각하지 마십시오. 대신에, '보내기와 받기' 명상을 하며 관상하십시오, 당신 자신이 모든 중생들의 어려움을 떠안는다고. 그리고 생각하십시오, "삼선도와 삼악도의 차이에 비해, 이생에서 즐거움과 괴로움의 차이는 대수롭지 않다. 나는 단지 나의 성스러운 다르마 수행만 계속해야 한다. 그것이 내가 얻은 이 소중한 인간으로서의 환생을 가장 의미 있게 만들 것이다." 이렇게 사유하면서, 부정적인 경험을 당신의 깨달음의 길의 성취를 쉽게 해주는 도우미로 받아들이십시오.

원전:

> When both are present, take all (upon yourself).
> 둘 다 있으면, 모두 (당신 자신이) 떠안아라.

갈망이나 분노, 오만 같은 어떤 시달리는 감정 또는 미혹이 일어날 때마다, '보내기와 받기' 명상을 하면서 관상하십시오. 당신 자신이 모든 중생들의 시달리는 감정과 미혹을 떠안는다고. 이렇게 해서 모든 중생들은 이들 부정적인 요소들로부터 해방된다고 상상하십시오.

마찬가지로, 고통이나 불쾌함이 당신 안에 일어나면, 명상하십시오, 그것을 수단으로 하여 당신 자신이 모든 중생들의 고통과 어려움을 떠안는다고. 그리하여 모든 중생들은 고통으로부터 해방된다고 상상하십시오.

원전:

> Guard two things like you would your life.
> 두 가지를 당신의 목숨 같이 지켜라.

자신의 수행 계율을 지키지 않음으로써, 이생과 미래 생의 모든 행복은 방해를 받습니다. 그러므로 우리는 다르마 수행의 일반적인 계율과, 특히 이 로종 전통의 계율을, 자신의 목숨처럼 보호해야 합니다.

다르마 수행의 일반적인 계율에는 두 종류가 있는데, 그것은 자기가 기르겠다고 결의한 것과 스승에 대한 계율입니다. 우리는 이들 중에서 전자를 자신의 목숨으로 지켜야 합니다. 후자에 대해서, 자신의 스승의 자격이 어떻든지 간에, 그와 관련된 계율을 어기는 것은 현명하지 않습니다. 왜냐하면 그렇게 하면 미래에 스승에게 의지하는 깨달음을 얻는 것이 불가능해지기 때문입니다. 그러므로 이 계율도 자신의 목숨으로 지켜야 합니다.

이 로종 전통의 특별한 계율도 매우 주의해서 지켜야 합니다. 예를 들어, 도움을 주고, 신중하게 상기시켜주기 위한 조언으로 말하는 경우를 제외하고, 우리는 남들의 허물이나 약점에 대해서 절대로 말하지 말아야 합니다.

원전:

> **Avoid partiality.**
> **편파적인 태도를 피하라.**

비록 범부들의 수행 능력과 성품, 특징은 부분적으로 개발되어있지만, 우리는 육바라밀과 문, 사, 수의 수행, 10선업 수행에 편파적이어서는 안 됩니다. 이들 중 일부는 우리가 실제로 행할 수 있고, 다른 것들은 행하는 것을 아마 관상만 할 수 있습니다.

또한 우리들의 수행의 대상인 중생들에 대해, 우리는 수련하면서 개발의 높은 단계에 있는 분들과 낮은 단계에 있는 분들에 대해 편파적이지 말아야 합니다. 모두에게 평등한 존중을 보여주십시오.

원전:

> Constantly practice on special cases.
> 항상 특별한 경우에 대해 수행하라.

우리는 모든 중생들을 대상으로 삼아서 전반적으로 마음 수련을 하고, 다음 다섯 종류의 사람들에 대해서는 특별히 주의해야 합니다: 1) 가까운 동반자들, 2) 우리들을 해친 경쟁자들, 3) 우리가 자기들을 해치지 않았는데도, 우리들을 해치는 사람들, 4) 우리들을 해치지 않았지만, 불쾌하고 역겨운 사람들, 그리고 5) 우리들의 수행의 스승님들과 부모 등 우리들에게 큰 이익을 준 사람들. 이들 집단 중에서 첫 넷에 대해서 크게 위험한 점은 우리가 이들을 다룰 때 시달리는 감정을 썩음으로써 수련을 잘못할 수 있다는 것입니다. 그리고 다섯째 범주의 사람들에 대해서 특별히 주의해야 하는 까닭은 여기서는 작은 잘못도 이들이 우리들에게 보여준 큰 친절로 인해 무거운 업의 결과를 익게 만들 수 있기 때문입니다. 이것이 특별한 경우이며, 우리가 이 분들을 대상으로 삼을 때는 특별히 강렬하게 명상해야 합니다.

원전:

> Train in the easy practice.
> 쉬운 수행(실천히기 쉬운 것)을 수련하라.

어떤 사람들은 이렇게 생각합니다. "지금 나 자신이 남들의 고통과 악업을 떠안는 것은 전혀 불가능하고, 또한 그들에게 나의 행복이나 공덕을 주는 것도 불가능해." 그러나 우리가 몸과 말로 고행을 할 필요는 없습니다. 마음을 수련하는 것만으로 충분한데, 수련하는 방법은 명상하고 그리고 그렇게 함으로써 우리들의 견해를 바꾸는 것입니다. 그러면 그런 개인적인 희생(고행)을 통해 우리들 자신에게 어려움을 만드는 것이 아닌가 하는 의구심이 일어나지 않습니다. 그리고 '보내기와 받기'에 대한 명상을 하지 못하는 허물도 없습니다.

원전:

> Purify the most coarse factor first.
> 가장 거친 요소를 먼저 정화하라.

우리는 끊임없이 마음을 점검하고 살펴보아야 합니다. 어떤 미혹이나 시달리는 감정이 우리 안에 가장 강하고, 무엇이 우리들의 수행의 성장에 가장 직접적으로 해로운지. 무엇이든 가장 거친 것을 먼저 정화해야 합니다.

원전:

> Avoid yet practice getting tough.
> 엄격해지는 것을 피하되 엄격해져라.

인간과 비인간들에 대해서는 엄격해질 필요가 없습니다. 사실, 그렇게 하는 것은 관습적으로 그리고 수행적으로 둘 다 우리들에게 해롭습니다. 그렇다면 어떤 것에 대해 엄격해져야 할까요? 그것은 자기-중시 태도입니다. 왜냐하면 이것은 모든 우리들의 고통의 뿌리이기 때문입니다. 우리는 이것을 우리들의 모든 수행의 목표로 삼아야 합니다.

원전:

> Avoid food mixed with poison.
> 독이 섞인 음식을 피하라.

건강한 음식은 우리들의 몸과 생명을 유지해줍니다. 그러나 독이 거기에 섞이면, 같은 음식인데도 반대 효과를 갖습니다. 마찬가지로, 깨달음을 위한 수행은 더 높은 존재(해탈)와 궁극적인 선(성불)을 유지해주는 생명력입니다. 허나 우리가 자기-중시라는 독을 우리들의 수행에 섞으면, 그것은 더 높은 존재와 궁극적인 선을 성취할 능력을 해칩니다. 그러므로 우리는 자기-중시라는 독을 우리들의 수행의 음식에 섞는 것을 피해야 합니다.

원전:

> Do not depend upon soft treatment.
> 엄격하지 않은 대우에 의지하지 마라.

어떤 수행자들은 유쾌한 사람들에 대해서는 자비를 실천하나, 어려움을 일으키는 사람들에 대해서는 적의를 품습니다. 우리는 그렇게 하지 말아야 합니다. 그런 행위는 성문승 수행자에게도 가치가 없는 것입니다. 보살도를 갈망하는 수행자에 대해서는 말할 것도 없고.

원전:

> Do not plan revenge.
> 복수를 계획하지 마라.

가끔 어떤 사람이 우리들을 해치면 우리는 즉시 우리들의 적의를 나타내지는 않으나, 나중에 복수할 생각을 품습니다. 복수할 생각은 모두 피해야 합니다.

원전:

> Do not be cunning.
> 간교하지 마라.

어떤 다른 사람이 당신 자신이 갖고 싶어 하는 어떤 것을 갖고 있는 것을 볼 때, 속임수를 써서 그것을 얻으려고 하지 마십시오.

원전:

> Do not put the load of a dzo on a bullock.
> 조의 짐을 어린 수소에게 싣지 마라.

예를 들어, 어떤 일이나 어려움이 당신이나 어떤 다른 사람에게 떨어지려 할 때, 기만적이고 간교한 수단을 써서 그것을 다른 사람에게 넘기려고 하지 마십시오.

원전:

> Do not rejoice in sorrow.
> (남들의) 슬픔에 기뻐하지 마라.

우리는 남들의 슬픔의 원인을 우리들 자신의 행복의 원인으로 삼지 말아야 합니다. 예를 들어, 경쟁자가 죽으면 우리는 그의 죽음이 우리들 자신의 지위에 이익을 주리라는 생각으로 기뻐하지 말아야 합니다. 혹은 친구나 친척이 죽으면 그 결과 우리가 그의 소유물 일부를 받으리라는 사실에 기뻐하지 말아야 합니다. 혹은 어떤 후원자가 죽으면 우리가 그로부터 어떤 것을 물려받으리라는 생각에 기뻐하지 말아야 합니다. 남들의 고통을 절대로 당신 자신의 행복의 가지(limbs)로 삼지 마십시오.

원전:

> Do not engage in wrong methods of healing.
> 잘못된 치유 방법을 이용하지 마라.

가끔 이 세상에서 소중히 여기는 사람이 병에 걸리면 그의 가족이나 친구들은 여러 가지 치유 의례(쉬다나 루땅와 같은) 중에서 어떤 것을 행하거나 믿음 치유사를 고용해서 행하게 하는데, 이것은 그가 죽지 않도록 하기 위한 것입니다. 그러나 우리는 로종 명상법들을 우리들 자신의 질병을 고치기 위한 방법으로 이용하지 말아야 합니다. 이것은 로종 명상법들의 목적이나 기능이 아닙니다.

원전:

> Avoid the mistaken attitudes.
> 잘못된 태도를 피하라.

다시 말해서, 우리는 여섯 가지 잘못된 방법을 피하고, 여섯 가지 확실한 방법을 길러야 합니다. 여섯 가지 잘못된 방법은 다음과 같습니다:

첫째는 잘못된 우선순위입니다. 이것이 뜻하는 것은 깨달으신 분들의 생각에 따라서 우리들의 에너지를 다르마 수행에 바치지 않고,

대신 단지 세속적인 성공을 얻는 데에 그것을 바치는 것입니다.

둘째는 잘못된 인욕입니다. 우리는 깨달음의 길의 수행에서 만나는 어려움에 대해 인욕하는 대신에, 경쟁자들을 능가하고 친구들을 돕는 활동에서 만나는 어려움에 대해 인욕합니다.

셋째는 잘못된 선호입니다. 이것은 문, 사, 수 같은 해탈과 깨달음으로 인도하는 수행을 위한 노력은 선호하지 않고, 세속적인 활동과 탐닉을 선호하는 것을 뜻합니다.

넷째는 잘못된 비심입니다. 이런 경우에 우리는 미래의 고통의 원인인 악업을 통해서 성공을 얻은 부유한 사람들에게 비심을 느끼는 대신에, 수행의 길을 추구하기 위해 감수한 희생 때문에 의식주가 충분하지 않을 수 있는 다르마 수행자들에게 비심을 느낍니다.

다섯째는 잘못된 격려입니다. 이것은 비록 우리가 모든 중생들을 고통으로부터 해탈시키겠다고 결의했지만, 우리들에게 충고를 구하는 사람들을 격려에서 깨달음의 길을 성취하기 위해 노력하게 만드는 대신 우리는 그들을 격려하여 세속적인 발전과 번영을 위해 노력하게 만듭니다.

여섯째는 잘못된 기뻐하기입니다. 이것은 자기 자신과 남들의 수행의 선(善)을 기뻐하는 대신, 우리들에게 해를 준 사람들에게 떨어지는 고통에 기뻐하는 것입니다.

원전:

> Do not strike sensitive areas.
> **민감한 곳을 가격하지 마라.**

다시 말해, 남들의 약점과 허물에 대해서 공석에서 말하지 마십시오.

원전:

> Do not turn a god into a devil.
> 신을 악마로 바꾸지 마라.

우리가 세속적인 신들에게 의지하고 비위를 맞춰주면 그들은 우리들에게 큰 이익을 줄 수 있고 우리들을 해로부터 보호해줄 수 있습니다. 그러나 만일 나중에 우리가 그들을 무시하거나 경멸로 대하면 그들은 또한 우리들에게 많은 문제를 가져올 수 있습니다. 이것이 신을 악마로 바꾸는 것으로 알려져 있습니다.

마찬가지로, 우리들의 로종 전통의 수행의 목적은 괴롭히는 감정을 우리들 안으로부터 제거해서 행복과 깨달음의 이익을 우리들에게 가져오는 것입니다. 만일 이것을 잘못 이용해서 그것이 자만과 자기-중시 등과 같은 괴롭히는 감정만 증가시킨다면, 이것은 신을 악마로 바꾸는 것과 같습니다. 당신의 수행이 이런 방향으로 진전되도록 허용하는 것을 피하십시오.

원전:

> Do not be inconsistent.
> 일관성 없게 행동하지 마라.

우리는 일관성 없게 남들에게 행동하여, 그들이 한 좋아 보이는 것들과 나빠 보이는 것들에 대해 즐거움과 불쾌감을 나타내지 말아야 합니다. 그보다 더 좋은 것은 따뜻함과 유머로 일관성 있게 반응하는 것입니다. 그렇지 않으면 우리는 남들의 마음을 불안하게 만듭니다.

마찬가지로, 우리는 명상 수련을 할 때, 일관성 없이 때로는 강렬하게 수행하고 다른 때에는 거의 수행을 안 하는 식으로 하지 말아야 합니다. 일관성 없는 노력은 성취를 유도할 능력이 없습니다.

원전:

> Do not be unbalanced.
> 균형을 잃지 마라.

바꿔 말해서, 지혜와 활동(복덕) 두 가지 수련을 할 때 일방적이지 말아야 합니다. 우리는 가장 작은 물질의 입자조차 고유하게 존재하지 않으나, 관습적인 진실의 수준에서는 모든 행동이 업으로 작용하는 힘을 갖는다는 것을 인식해야 합니다. (공성의) 견해와 다양한 활동이 불가분의 성품이라는 이 깨달음의 길을 수행할 때 어느 하나를 강조하고 다른 하나를 해쳐서는 안 됩니다.

원전:

> Train in both the main body and the limbs.
> 본 수행과 가지 수행 둘 다 수련하라.

예를 들어, 관습적인 보리심에 대한 수련을 보십시오. 여기서 유가와 원만으로 축복받은 인간으로서 환생의 소중함과 희귀함 같은, 전행 명상은 준비의 가지 역할을 합니다. '보내기와 받기'가 섞인 명상은 본행 수행이며, 종결하는 절차의 가지를 이루는 것은 모든 현상(법法)이 고유하게 존재하지 않는다는 공성에 대한 명상은 물론, 공덕 회향과 서원 기도 공양으로 이 수련을 마감하는 수행입니다.

마찬가지로, 궁극적인 보리심 수련에서 가지를 이루는 것(전행)은 관습적인 보리심에 이르기까지의 모든 명상과 관습적인 보리심에 관한 명상입니다. 본행은 공성에 대한 명상이고, 종결하는 절차의 가지를 이루는 것은 보시 등과 같은 수행들입니다.

원전:

> Practice without bias toward the objects;
> Embrace everything and cherish all from the heart.
>
> **수행할 때 대상에 대에 편견을 갖지 마라;
> 가슴으로부터 모든 것을 포용하고 소중하게 여겨라.**

우리는 로종 방법을 수련할 때 유정(有情)과 무정(無情)이 다 같이 주는 도전을 두려워하지 말아야 합니다. 더욱이 이 수행에서 우리들에게 영감을 주고 안내해주는 것은 두 보리심입니다.

우리들의 수행은 맥수 항아리 안에 던져진 한줌의 볶은 보리 가루가 단지 위에 떠있는 것 같아서는 안 됩니다. 남들에 대한 존중이 우리들의 존재의 가장 깊은 곳 안으로부터 일어나야 합니다.

# 로종 수행자들에게 주는 충고

원전:

> Practice all yogas in one manner.
> 모든 요가를 한 가지 방식으로 수행하라.

딴뜨라 수행자는 씻는 요가, 먹는 요가, 수면 요가 등과 같은 모든 요가 방법을 이용합니다. 이 로종 가르침에서 수행자는 모든 요가를 두 보리심에 대한 명상이라는 한 가지 활동으로 전환합니다.

원전:

> Use all remedies in one manner.
> 모든 치료법을 한 가지 방법으로 이용하라.

어떤 고통이나 불쾌함이 일어나든지 상관없이, 모든 것을 만날 때 보리심에 대한 명상이라는 한 가지 치료법으로 대하라.

원전:

Do not harbor resentment.
적의(敵意)를 품지 마라.

어떤 사람이 어떤 식으로 당신을 해치는 경우에, 이런 생각을 하지 마십시오, "그가 내게 이것 이것을 했어." 당신의 마음이 남들에 대한 부정적인 이미지를 품게 허용하지 마십시오.

원전:

Do not respond with arrogance.
오만하게 반응하지 마라.

다시 말해, 어떤 어려움을 남들이 당신에게 가져오더라도, 폭력이나 협박하는 말로 반응하지 마십시오.

원전:

Do not wish for praise.
칭찬을 바라지 마라.

비록 우리가 어떤 사람에게 보여준 친절에 대한 보답으로 실제 물건이나 호의를 받기를 바라지는 않을지라도, 우리는 때로는 그들이 우리들의 유익한 행위에 대해 말하는 것을 듣는 즐거움을 갈망합니다. 그러다가 그들이 그 일에 대해 말하지 않을 때 우리는 생각합니다. 이 사람에게 내가 선하게 행동하든 나쁘게 행동하던 조금도 차이가 나지 않아. 왜냐하면 그는 내가 자기한테 한 그 유익한 것들을 언급조차 않으니까 말이야." 당신 자신의 칭찬 소리에 대한 그런 갈망을 품는 것을 피하십시오.

원전:

> Do not become familiar with vanity.
> **자만에 익숙해지지 마라.**

다시 말해, 당신이 남들을 위해 한 일에 대해 마음이 생각하도록 내버려두지 마십시오. 그 사람이 어떤 이익을 조금 얻었다는 것을 아는 것만으로 만족하십시오. 무시이래 무수한 환생에 걸쳐서 모든 중생은 누구나 우리들에게 어머니였습니다. 단지 한 번만 아니라 여러 번, 그리고 그때 어머니가 자식에게 주는 모든 이익을 주어왔습니다.

더욱이, 만일 우리들의 활동을 통해 모든 중생들이 깨달음의 영역으로 더 가까워 졌다면, 모든 중생들을 이롭게 하겠다는 우리의 서약은 다소 실현된 것입니다. 자만하며 되돌아볼 필요가 없습니다, 왜냐하면 가장 높은 깨달음을 얻겠다는 결의를 할 때 우리는 모든 부처님들과 보살님들 앞에서 모든 중생들에게 행복과 해탈을 가져오겠다는 약속을 했기 때문입니다.

원전:

> Meditate in accordance with whatever occurs.
> **무엇이든 일어나는 것에 따라 명상하라.**

행복한 때나 어려운 때나, 도시에서든 명상 암자에서든, 그리고 일반적으로 모든 활동에서, 움직이든, 앉아있든, 서있든, 누워있든, 항상 로종 가르침에 대해 명상하십시오.

원전:

> Do not rely upon external conditions.
> 외적인 조건에 의지하지 마라.

대부분의 다르마 수행자들이 의지하는 것은 질병과 같은 부정적인 조건으로부터 해방과, 충분한 음식과 옷 등과 같은 도움이 되는(긍정적인) 조건입니다.

그러나 이 로종 전통에서는 부정적인 조건의 존재와 부재를 단지 로종 명상 범위 안에 받아들일 뿐입니다.

원전:

> Crush all excuses.
> 모든 변명을 부셔라.

가끔 우리는 "그가 이것 이것을 했어." 같은 변명을 이용하여 남들에 대한 우리의 적대감을 정당화시키려고 합니다. 그러나 이보다 더 나은 것은 적대감을 부수고 대신에 모든 사람들에 대한 사랑의 의식(a sense of love, 자심 慈心)을 길러서 어떤 사람들은 가까운 사람으로 보고 다른 사람들은 먼 사람으로 보지 않는 것입니다.

원전:

> Think deeply with insight and analysis.
> 깊이 생각하면서 통찰(조사)하고 분석하라.

조사와 분석을 이용하여 당신의 마음 상태와 마음에 일어나는 시달리는 감정의 힘을 지켜보십시오. 어떤 내부의 힘이 현재 당신의 수행의 성장에 가장 방해가 되는지 점검해보고, 그러고 나서 거기에 대한 명상 대치법을 이용하십시오.

원전:

> Practice with confidence.
> 수행할 때 자신감을 가져라.

시달리는 감정이나 미혹이 마음속에 일어나면, 주저하지 말고, 의심으로 인해, "이 대치법 자체로 주어진 일을 성취하기에 충분할까?"와 같은 자기 패배적인 생각을 하지 말고, 대치법 명상을 이용하십시오. 여러 가지 방법들을 이용할 때는 당신이 그것들을 효과적으로 처리할 수 있다는 자신감 속에서 하십시오.

원전:

> Immediately accomplish what is important.
> 중요한 것을 당장 성취하라.

과거에 우리는 윤회의 세계에서 무수히 환생했으나, 이것들은 주로 세속적인 목적을 위해 낭비되고 우리들에게 남겨진 것은 아무것도 없었습니다. 우리는 우리가 얻은 이 소중한 인간 환생을 도구로 이용하여 중요한 것을 성취해야 합니다. 그러면 과연 무엇이 중요한 것일까요? 이 짧은 생에 이익을 주는 일과 더 지속적인 방법으로 이익을 주는 수행 중에서는, 후자가 더 중요합니다. 다르마 이론과 실제 수행이라는 두 가지 범주 내에서는, 후자가 더 중요합니다.

마지막으로, 존재하는 다양한 다르마 수행 내에서, 가장 중요한 것은 두 보리심에 대한 명상 수행입니다. 바로 이것이 우리들이 가장 중요하게 여기는 것입니다.

원전:

> **Accomplish what is most meaningful.**
> **가장 의미 있는 것을 성취하라.**

절을 짓는 것, 불상이나 불화를 조성하는 것 같은 활동들은 반드시 수행에 유익한 활동은 아닙니다. 가끔 이런 방향의 노력에서 우리는 다른 존재들을 방해할 수 있고, 집중적인 수행으로부터 멀어질 수 있으며, 우리는 사람들이 딴 곳으로 마음을 돌리게 할 수 있고, 이들 활동에 종사하는 것이 다른 생물들을 해치거나 죽이기까지 할 수 있습니다.

그렇다면, 무엇이 가장 의미 있는 것일까요? 그것은 내면의 수행의 활동들입니다. 예를 들어, 우리가 채택한 수행의 서약과 계율을 지키는 것과 문, 사, 수 세 가지 집중적인 노력을 통해 우리들의 존재의 흐름을 개발하는 것입니다 이들을 수행하여 세상에 최대의 이익이 되십시오.

원전:

> Avoid all hopes of results.
> 결과에 대한 모든 희망을 버려라.

이 로종 전통에 따라 명상 수행하는 사람은 방대한 일시적인 유익한 효과와 지속적인 유익한 효과를 경험할 것입니다. 해로운 힘과 분열적인 요소들은 저절로 그치고, 우리는 사람과 신들로부터 다 같이 호의를 받으며, 우리는 번영과 존경 둘 다 얻을 것이고, 미래생에서 더 나아간 수련에 도움이 되는 높은 환생을 얻으며, 종국에 가서는 궁극적인 깨달음의 완전한 힘을 성취할 것입니다.

그러나 우리는 이들에 대한 희망이나 기대는 갖지 말아야 합니다. 대신에, 모든 중생들의 이익을 위해 해탈과 깨달음을 성취하려는 염원 속에 머물고, '보내기와 받기' 로종 방법에 대해 명상하십시오.

원전:

> In future always wear the bodhisattva armor.
> 앞으로는 언제나 보살 갑옷을 입어라.

당신은 이렇게 생각할 수 있습니다. "만일 우리가 결과에 대한 모든 희망을 버리면, 수행의 길을 걸을 자극제가 없을 것입니다."

우리들의 수행의 목적은 단지 우리들 자신의 이익을 위한 것이어서는 안 됩니다. 그게 아니라, 우리가 항상 우리들 자신에게 상기시켜야 하는 것은 무시이래 우리들의 무수한 생에 걸쳐 모든 중생들은 이런 저런 때에 우리들에게 어머니였다는 것입니다. 그것도 한 번만이 아니라 여러 번. 그리고 그때 그들은 우리들에게 어머니가 자기 자식에게 주는 모든 이익을 주고, 우리들을 모든 해로부터 보호했습니다.

이런 식으로 모든 중생들에 대해 자비심을 일으키고, 세상에 더 큰 이익을 주기 위해 성불하려는 결의를 하십시오. 그리고 붓다의 경지를 성취하기 위해 우리가 해야 할 것은 두 보리심에 대해 명상하고, 이런 생각을 기르는 것입니다. "나는 두 보리심에 대한 명상 수행을 완수할 것이다." 이 생각의 보살 갑옷을 날마다 여섯 번 입으십시오.

---

**후기**: 제1대 달라이 라마의 텍스트의 최초의 15세기 편찬자/편집자가 덧붙인 말: 대승 로종에 대한 이 짧은 해설서를 쓰신 분은 일체지자 겐된 둡빠(Gendun Druppa)로, 그는 관세음보살의 화현, 모든 부처님들의 지혜와 자비의 구현입니다. 그가 이것을 쓰신 것은 이 타락한 시대의 중생들에게 이익을 주기 위한 것이었습니다. 겐된 둡빠가 이것을 작성하실 때 사신 곳은 따시 룬뽀 사원(Tashi Lhunpo Monastery)이었는데, 이 사원은 이 세계를 장엄하는 머리 보석이요, 신비로운 정원으로, 여기에서는 모든 부정적인 힘이 초월됩니다.

이것이 원인이 되어 소중한 깨달음의 가르침이 퍼지고, 힘과 청정 면에서 증장하며, 이 세상에 오래 남으소서. 이것이 모든 중생들의 행복과 자유를 증장하소서.

수행의 에너지와 선(善)과 모든 상서로운 증표가 이 땅위에 나타나소서. 모든 중생들이 내면의 평화와 해탈, 깨달음을 성취하소서.

● 국역자 아찰라 김영로의 한 마디

로종을 공부하는 분들에게는 괴로움이 없습니다. 있다면 연민 때문에 그들이 견디기 어려운 다른 분들의 고통이 있을 뿐입니다. 왜냐하면 모든 고통은 그들의 마음을 튼튼하게 해줄 뿐만 아니라 악업도 정화해주고 깨달음으로 인도하는 스승이나 친구이기 때문입니다. 그러므로 고통이나 어려운 일은 그들에게는 엄청난 축복입니다.

모든 어머니 같은 중생들의 행복을 빌면서 제가 좋아하는 감동적인 말 몇 마디를 소개합니다.

***

하루하루가 하나의 작은 삶입니다. 매일 아침에 잠에서 깨어나 일어나는 것이 하나의 작은 태어남이며, 매일 아침이 하나의 작은 청춘이요, 매일 잠자리에 들어 쉬고 자는 것이 하나의 작은 죽음입니다.
- 쇼펜하우어(Schopenhauer)

인생의 목표는 사는 것이고, 산다는 것이 뜻하는 것은 깨어있는 것 - 기쁘게, 도취해서, 평온하게, 최상으로 깨어있는 것입니다.
- 헨리 밀러(Henry Miller)

인생의 목적은 점점 더 큰 것에 패배당하는 것입니다.
- 라이너 마리아 릴케(Rainer Maria Rilke)

더 자비로운 마음, 남들의 행복에 대한 더 많은 관심이 행복의 원천입니다.
- (제14대) 달라이 라마 성하

내면의 평온(마음의 평화)은 내적인 힘과 자신감을 가져오므로, 건강을 위해 매우 중요합니다.              - 달라이 라마 성하

이제 저는 행운을 구하지 않습니다. 저 자신이 행운이니까요.
                                - 월트 휘트먼(Walt Whitman)

우리가 무엇보다도 우리들 자신과 우리들 자신의 보존에 대한 생각을 그만두면, 우리의 의식은 참으로 영웅적인 변화를 경험하게 됩니다.
                            - 조지프 캠벨(Joseph Campbell)

우리는 강제 수용소에서 보았습니다. 어떤 분들은 수용소 막사를 걸어지나가면서 다른 사람들을 위로해주고 자신들이 갖고 있는 마지막 빵 한 조각을 남들에게 주는 것을.
                           - 빅터 E. 프랭클(Viktor E. Frankl)

저는 믿어요. 풀잎 하나조차도 별들의 여행-작업이나 다름없다고.
                                        - 월트 휘트먼

제가 저 자신이 한 말과 모순되는 말을 한다고요? 아주 좋아요, 그렇다면 저는 그렇게 모순되는 말을 하는 거죠. 저는 큰 사람입니다. 그래서 많은 걸 제 안에 끌어안습니다.            - 월트 휘트먼

사람들은 결혼할 때 그것이 장기적인 정사(情事)라고 생각하지만, 모든 정사는 실망으로 끝나기 때문에 그들은 곧 이혼하게 됩니다. 그러나 결혼은 정신적인 동일성을 깨닫는 것입니다.     - 조지프 캠벨

만일 시간이 실재하지 않는다면, 이 세상과 영원, 고통과 기쁨, 선과 악의 구분 또한 실재하지 않는 환(幻)입니다.
                              - 헤르만 헤세(Hermann Hesse)

## 감사인사

먼저 한국 수행자들에게 특별한 관심과 애정을 갖고 그동안 여러 가지 관정을 주시고 부처님의 가르침의 핵심 중의 핵심이라 불리는 로종을 여러 번 가르쳐주신 저희들의 귀한 스승님 라마 글렌의 은혜는 아마 몇 생 동안 갚아도 다 갚지 못할 것입니다.
라마님, 감사, 또 감사합니다.

이 귀한 책의 출간은 충남 대안사 주지 덕진 스님의 발원과 재정적인 후원으로 시작되었습니다. 그 동안 라마님의 가르침과 법회에 각별한 관심을 갖고 여러 가지 도움을 주신 덕진 스님께 이 자리를 빌려 다시 한 번 깊은 감사의 말씀을 드립니다.

라마 글렌의 지도 밑에 영어로 된 로종 책을 한국어로 옮기고 편집과 교정 작업에 참여하신 아찰라 김영로 거사님께도 감사를 드립니다.
이 책의 편집과 표지는 파랑새미디어 우현 박찬우 대표의 도움으로 완성되었습니다. 대표님께 진심으로 감사드립니다.

발행인 정청월
2017년 11월 27일

이 책의 보시나 출간 후원을 원하시는 분들은 미륵사로 알려주십시오. 감사합니다. 앞으로 증보판과 영어판도 낼 예정입니다.

* 전화: 010-8395-8881    * 이메일: chongwol@yahoo.com
* 후원계좌: 미륵사 (MAITRI BOOKS) JUNG JIMMY
　　　　　농협 352 1045 3219 93